초등학생이 알아야 할
참 쉬운 AI 인공 지능

로즈 홀, 레이철 퍼스 글

힐튼 바르부르턴 그림

제이미 볼, 톰 라론드 디자인

마이클 울드리지 감수

신인수 옮김

차례

인공 지능이란 무엇일까요? 4
AI는 얼마나 발전했을까요? 8
세상은 어떻게 바뀔까요? 10

제1장 AI는 어떻게 작동할까요? 13

AI를 작동시키려면 컴퓨터가 필요해요.
먼저, 컴퓨터가 무엇이고 어떻게 작동하는지 살펴보아요.
컴퓨터가 스스로 학습하게끔 코딩하는 방법도 함께 알아보아요.

제2장 우리 주변의 AI 35

인터넷 검색 엔진, 범죄 수사, 돌봄 로봇, 킬러 로봇 등
AI가 다양한 분야에서 활용되는 모습을 들여다보아요.

가장 흥미로운 점은, 컴퓨터가 점점 더 사람처럼 말하고,
예술 작품까지 만들어 낸다는 거예요.
바로 AI 툴 덕분이지요. 이런 AI 툴이 어떻게 작동하고
얼마나 발전했는지, 그 한계는 무엇인지도 살펴보아요.

제3장 세상을 바꾸는 AI   73
AI 기기들은 우리의 생활 방식도 바꾸고 있어요.
단순히 어떤 일을 사람이 하느냐, 기계가 하느냐의
문제가 아니에요. 우리가 친구를 사귀고, 의견을 나누고,
세상을 알아가는 방식에 AI가 미치는 영향을 알아보아요.
어쩌면 AI가 기후 위기를 해결할지도 몰라요.
반대로, 더 나빠지게 할 수도 있고요.

제4장 AI의 미래   109
전문가들은 사람과 똑같은 인공 지능을 만들기 위해 노력 중이에요.
하지만 컴퓨터 프로그램이 사람과 얼마나 비슷해질 수 있을까요?
AI가 '살아 있다고' 느껴질 수 있을까요?

미래에 대비하기   122
낱말 풀이   124
찾아보기   126
이 책을 만든 사람들   128

인터넷에서 자료 찾기

어스본 바로가기(usborne.com/quicklinks)에 방문해서
검색창에 'AI for beginners'를 입력해 보세요.
일상생활에서 AI가 어떻게 활용되는지 보여 주는 웹사이트를 방문할 수 있고,
기계 학습으로 만들어진 게임을 해 보고, AI에 관한 영상과
탐구 활동 자료들을 볼 수 있어요.

'어스본 바로가기'에서는 인터넷 안전 지침을 지켜 주세요.
어린이가 인터넷을 사용할 때는 보호자의 지도가 필요합니다.

인공 지능이란 무엇일까요?

인공 지능, 즉 AI는 컴퓨터가 사람처럼 생각하고 행동하게끔 하는 기술을 말해요.

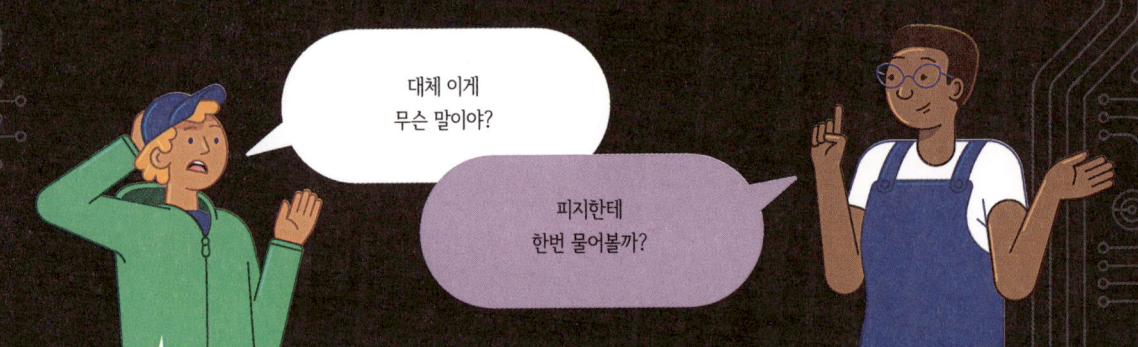

대체 이게 무슨 말이야?

피지한테 한번 물어볼까?

좋아. 피지가 바로 AI 기기니까.

피지, 인공 지능이 뭔지 설명해 줄래?

띠링!

인공 지능은 지능을 요구하는 작업들을 하는 컴퓨터 프로그램 기술 또는 기계를 뜻해요. AI 기기는 무엇을 하라는 지시를 받지 않아도 스스로 작동할 수 있어요. 존 매카시가 처음 이 용어를…

피지, 그만! 설명이 너무 길어! 말도 너무 빠르고!

다른 사람들은 어떻게 생각하는지 알아보자.

친구들은 AI에 대해 어떻게 생각하는지 물어볼게.

내가 보고 싶은 걸 척척 알아맞히는 소셜 미디어*

* 사진, 영상, 글 등을 공유하는 온라인 공간

챗봇이랑 비슷하다고 생각해. 근데 훨씬 더 똑똑한 챗봇이지. 사람이랑 대화하는 것 같아.

드론 배송

세계를 지배할 교활하고 무서운 기계!

안녕하세요, 오늘은 무엇을 도와드릴까요?

이 근처에 추천해 줄 공원 있어?

에디트 공원을 추천할게요. 카페, 테니스장, 수영장이 모두 있어요.

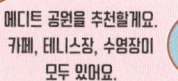

모든 사람의 직업을 빼앗아 갈 로봇

컴퓨터가 생각하고 학습하는 능력

고급 양자 역학

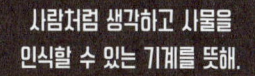

사람처럼 생각하고 사물을 인식할 수 있는 기계를 뜻해.

진짜 진짜 똑똑한 컴퓨터

톡톡

재밌는 답변이 많네. 그런데 이게 다 맞는 말일까? 몇 가지는 무시무시하게 들리는데!

나도 잘 모르겠어. 이제 전문가에게 물어보자!

나는 AI에 관한 일을 해요. 여러분의 질문들에 답해 줄 수 있어요.

다음 장을 넘겨서 자세히 알아봐요.

AI는 정말로 무엇인가요?

이 질문에는 전문가마다 다르게 답할 거예요.
하지만 AI가 *무얼 하는지* 살펴보면,
여러분도 AI가 *무엇인지* 이해할 수 있을 거예요.

"AI 기능이 없는 일반 기기들을 한번 살펴봅시다."

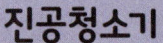
진공청소기

위이이이잉

"사람이 진공청소기를 청소하고 싶은 곳으로 밀고 가요. 진공청소기가 어딘가에 부딪히지 않게 사람이 조종해요."

"진공청소기는 양말이든, 반려동물 장난감이든, 동전이든, 여러분의 숙제든, 무엇이든지 빨아들일 거예요."

"바닥 표면이 어떻든지, 진공청소기의 흡입 강도는 똑같아요."

"아하, 그러니까 이 청소기에는 AI 기능이 확실히 없네."

"맞아! 일반 기기들은 사람이 늘 일일이 조종해야 해."

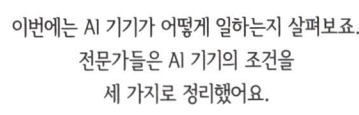

이번에는 AI 기기가 어떻게 일하는지 살펴보죠. 전문가들은 AI 기기의 조건을 세 가지로 정리했어요.

AI 자율 진공청소기(로보백)

자율이란 사람이 기기를 밀고 다니거나 청소할 곳을 안내할 필요가 없다는 뜻이에요.

1. AI 기기는 **데이터**를 이용해 주위에 있는 것들을 알아볼 수 있어요.

로보백에는 센서가 달려 있어요. AI는 센서로 주변을 감지해 얻은 데이터로 장애물의 위치를 학습해요. 그리고 이를 피해 가지요.

2. AI 기기는 데이터를 **평가**할 수 있어요. 그 평가에 따라 예측하고, 추천하고, 결정해요.

로보백은 바닥이 딱딱한지, 양탄자가 깔려 있는지에 따라 흡입 강도를 적절하게 바꿀 수 있어요.

3. AI 기기는 **학습**하고 **적응**할 수 있어요. AI 프로그램에 어떤 일을 한번 훈련시키면, AI 기기는 사람이 계속 가르치지 않아도 필요한 능력을 스스로 발전시킬 수 있어요.

로보백은 우리가 빨아들이지 말라고 지정하는 것을 인식하고, 흡입하지 않도록 학습할 수 있어요.

로보백도 피지 너처럼 질문에 대답할 수 있어?

아니요, 그건 못해요. 현재 대부분의 AI 기기는 하나씩만 잘해요.

컴퓨터 공학자들은 **범용 인공 지능(AGI)** 이라는 것을 개발하려고 애쓰고 있어요. 지능이 필요한 일은 무엇이든 배우고 처리할 수 있는 기술이에요.

AI는 얼마나 발전했을까요?

인공 지능은 사람이 손가락 하나 까딱하지 않아도 진공 청소기를 움직여 방을 청소하게 시킬 수 있어요. 그 밖에 또 무슨 일을 할 수 있을까요? 내일은 어떤 일을 할 수 있게 될까요?

나랑 퀴즈 풀자!

AI가 하는 일과 못하는 일을 알아맞히는 거야.

피지의 퀴즈 타임

AI가 이미 하고 있는 일에는 A를 선택해 주세요.

AI가 아직 할 수 없지만 연구 중인 일에는 B를 선택해 주세요.

AI가 절대로 할 수 없을 듯한 일에는 C를 선택해 주세요.

좋아, 해 보자!

AI는…

1. 체스 경기에서 사람을 이길 수 있을까?   A ◯   B ◯   C ◯

2. 환자를 정밀 검사해서 질병의 작은 징조를 발견할 수 있을까?   A ◯   B ◯   C ◯

응애!

3. 사람의 아기를 만들고 키울 수 있을까?   A ◯   B ◯   C ◯

4. 지구를 반대 방향으로 돌게 할 수 있을까?   A○ B○ C○

5. 웃음이 빵 터지도록 재미난 농담을 할 수 있을까?   A○ B○ C○

6. 롤러스케이트를 타는 기린을 반 고흐의 그림처럼 그릴 수 있을까?   A○ B○ C○

7. 전쟁이 벌어지고 있는 지역에서 적군을 선택해서 죽일 수 있을까?   A○ B○ C○

8. 생명체를 찾기 위해 우주를 돌아다닐 수 있을까?   A○ B○ C○

9. 우리가 주문한 물건을 커다란 상품 창고에서 정확하게 찾을 수 있을까?   A○ B○ C○

10. 집을 지을 수 있을까?   A○ B○ C○

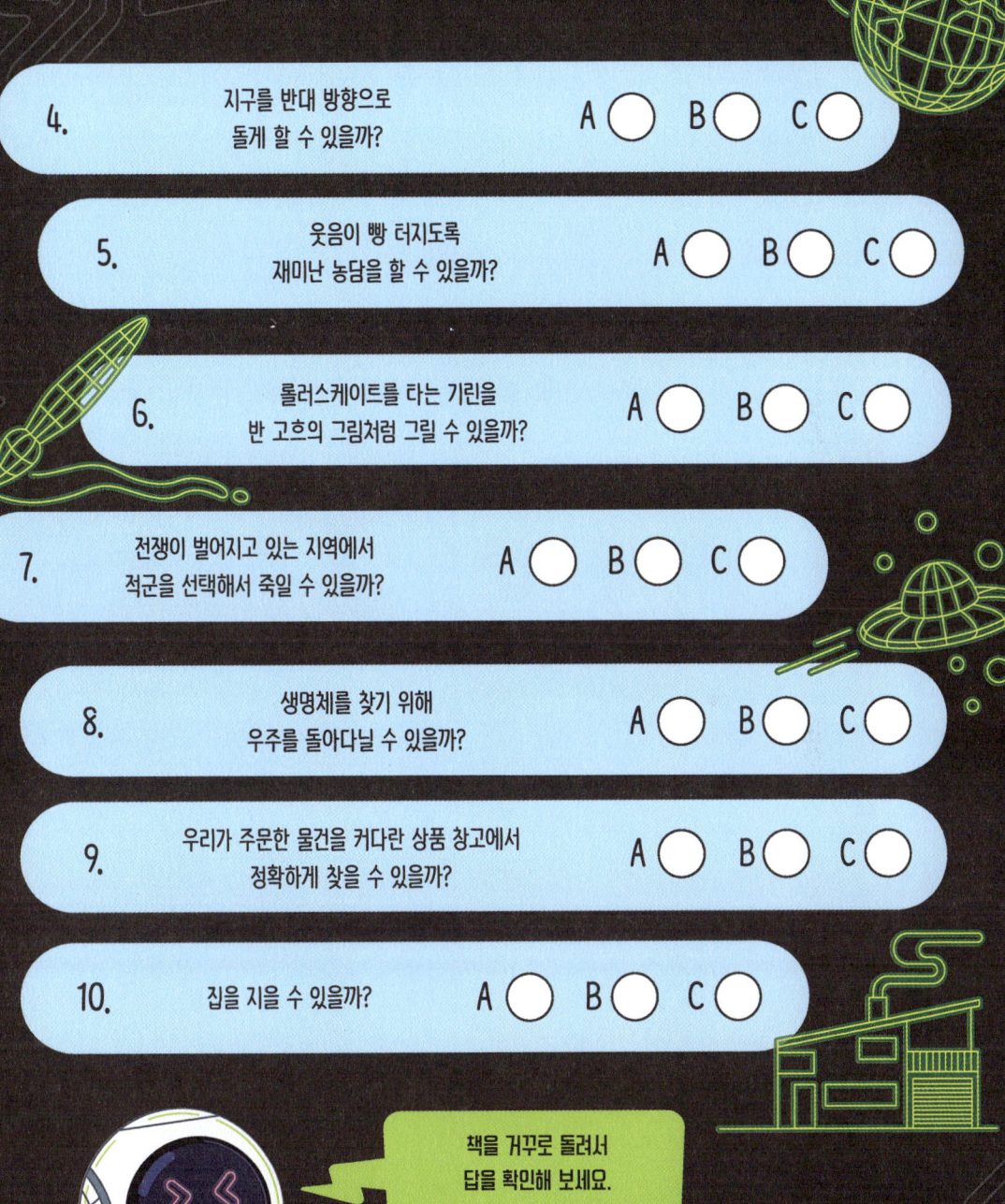

책을 거꾸로 돌려서 답을 확인해 보세요.

정답: 1) A, 2) A, 3) C, 4) C, 5) B, 6) A, 7) A, 8) B, 9) A, 10) B.

AI는 이미 다양한 일을 해내고 있지만, 많은 AI 프로그램이 실수를 해요. 연구자들은 새로운 AI 툴을 개발할 뿐만 아니라, 이미 개발된 AI 시스템을 더욱 믿을 만하게 보완하고 있어요.

세상은 어떻게 바뀔까요?

많은 사람이 AI가 세상을 바꿔 놓을 거라고 생각해요. 하지만 그 변화가 얼마나 클지, 주로 좋은 변화일지 *나쁜* 변화일지 아직은 아무도 몰라요. 다음 그림은 변화의 가능성을 폭넓게 보여 줘요.

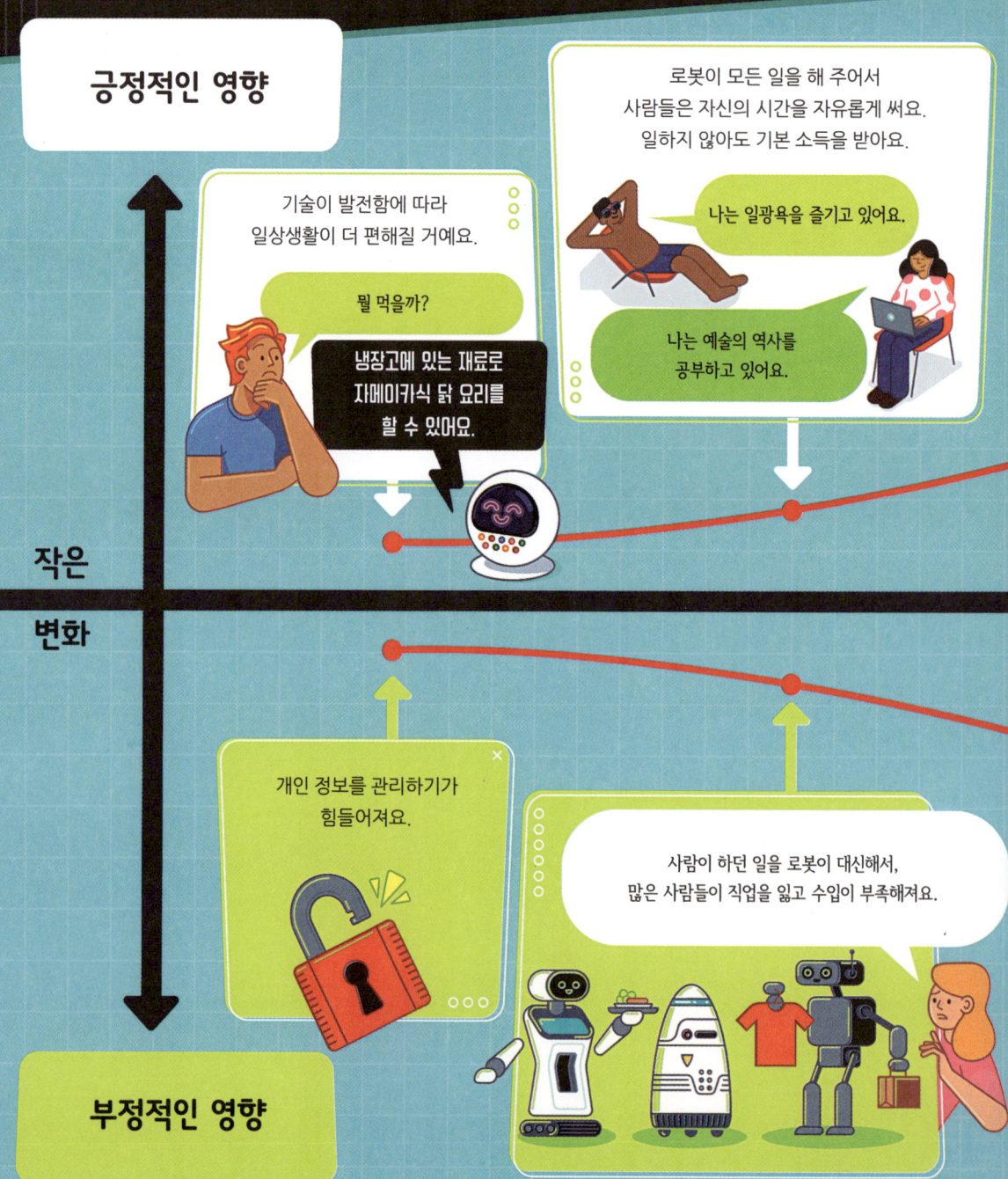

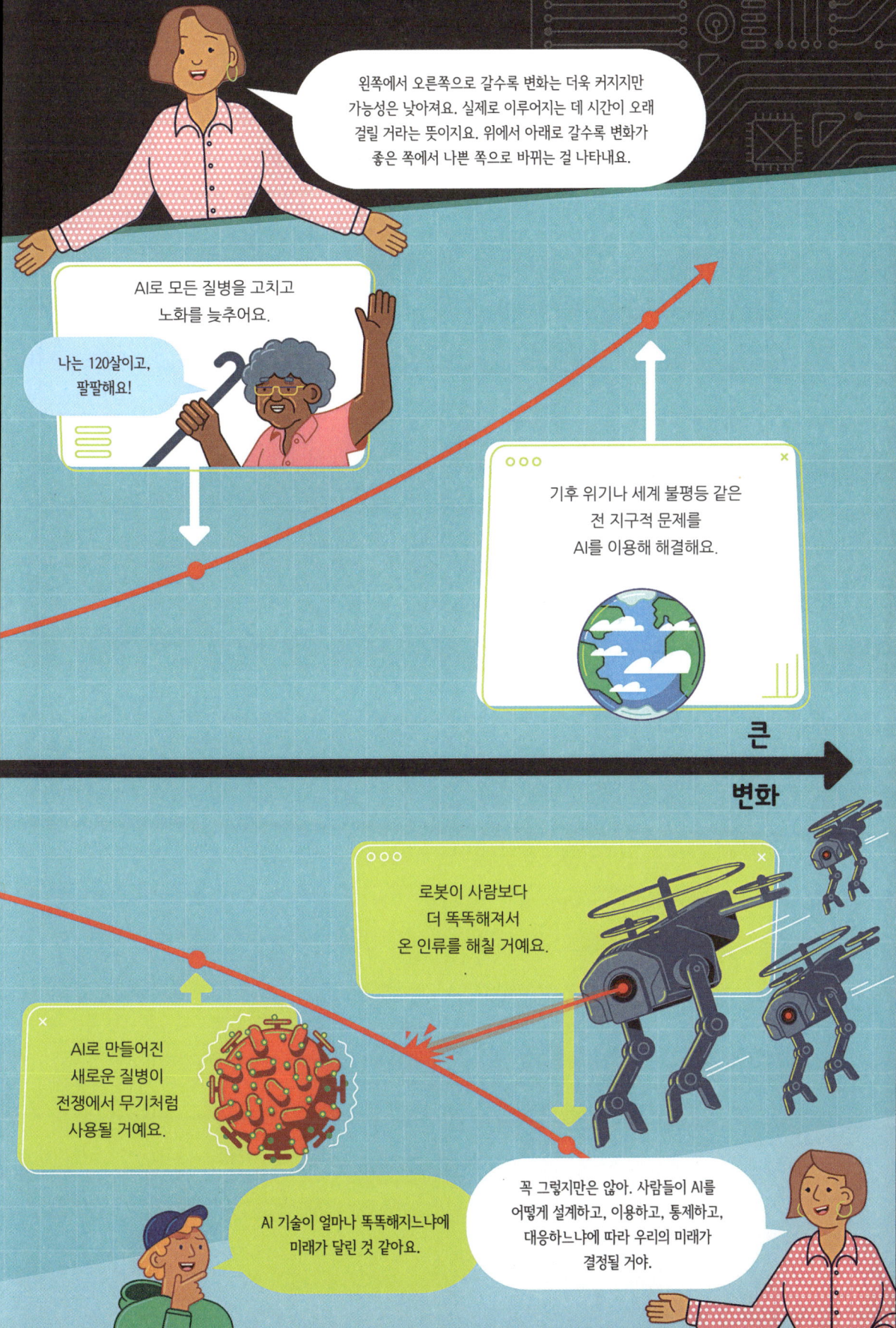

제1장
AI는 어떻게 작동할까요?

모든 컴퓨터는 **알고리즘**이라는 명령어에 따라 과제를 해내요.
그중에서도 인공 지능을 사용하는 컴퓨터의 알고리즘은
대단히 복잡하고 정교해요. 컴퓨터가 새로운 기술을
스스로 습득하게 할 수 있지요.

컴퓨터 전문가들은 어떻게 컴퓨터를 그만큼 똑똑하게
만들었을까요? 바로 인간의 뇌 구조를 참고했어요.

인간의 뇌가 어떻게 작동하는지 정확히 아는 사람은 아무도 없어요.
하지만 우리는 뇌에 **뉴런**이라는 뇌세포가 수십억 개나 있고,
이 세포들이 서로 복잡하게 연결되어 있다는 사실을 알아요.
우리가 생각하고, 배우고, 문제를 해결할 때,
뉴런들 사이로 정보들이 흘러요.

뉴런의 성질을 모방하여, AI는 **인공 신경망**이라는
특별한 코딩으로 설계되곤 해요.
인공 신경망은 인간의 뇌와 비슷한 방식으로
정보를 처리하도록 컴퓨터에 명령하지요.

하드웨어와 소프트웨어

컴퓨터는 다양한 부분으로 구성되어요.
크게 **하드웨어**와 **소프트웨어**로 나눌 수 있지요.

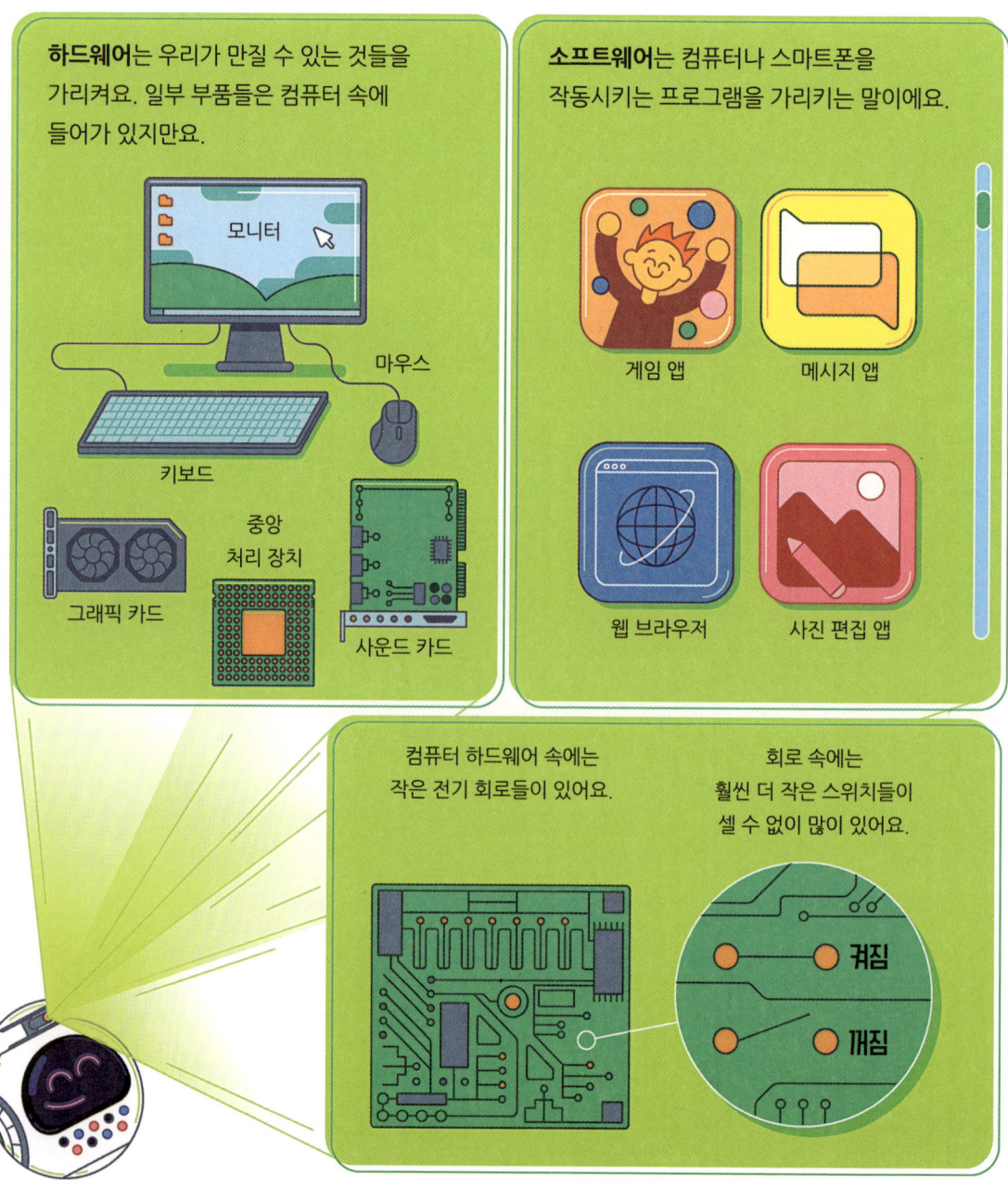

단계 밟기

소프트웨어는 **알고리즘**으로 구성되어 있어요. 알고리즘이란, 컴퓨터가 과제를 처리할 때 정확한 순서대로 따라가야 할 명령어 모음이에요. 컴퓨터가 알고리즘을 따르는 것은 우리가 레시피대로 요리하는 것과 같아요.

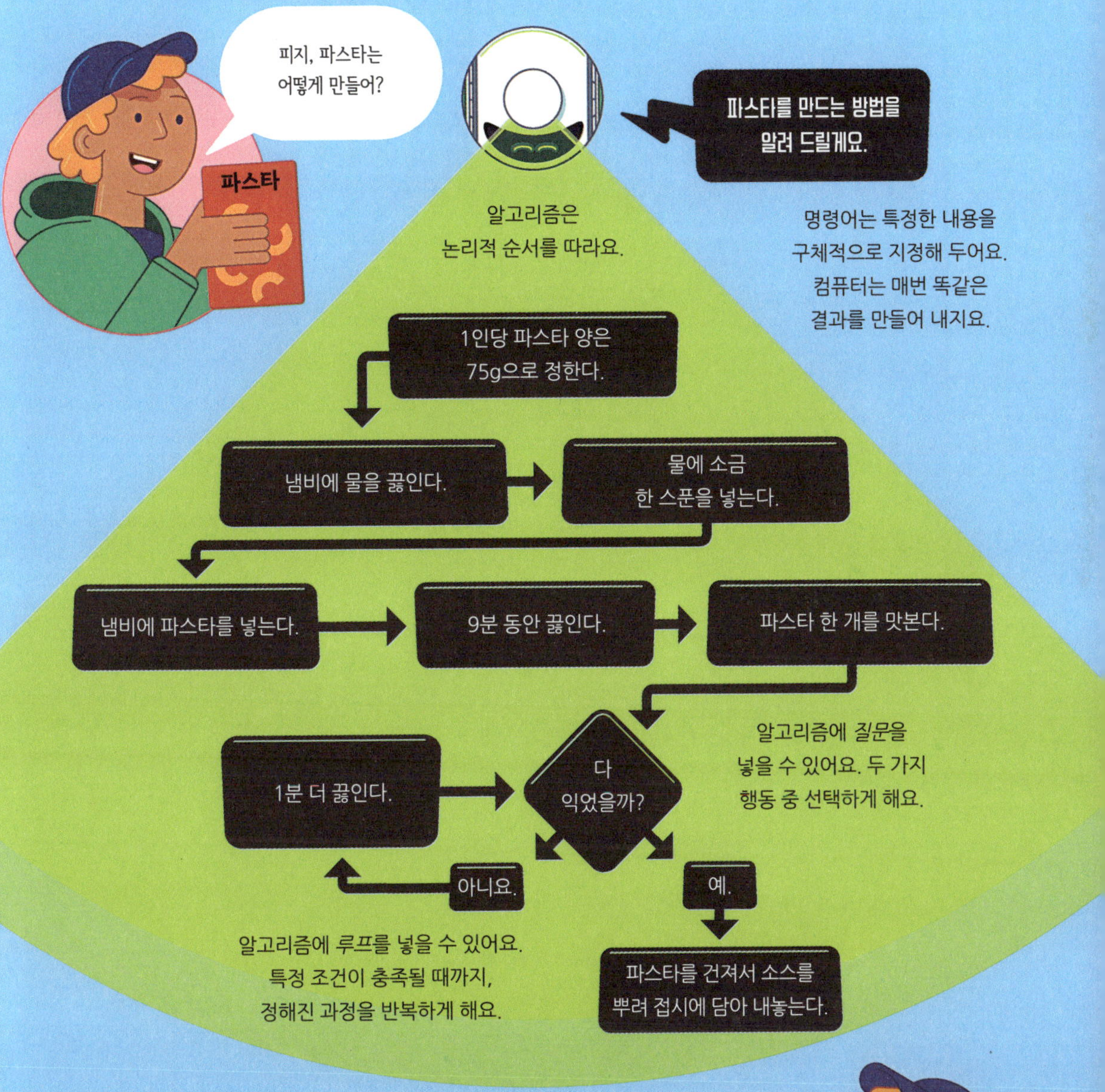

피지, 파스타는 어떻게 만들어?

파스타를 만드는 방법을 알려 드릴게요.

알고리즘은 논리적 순서를 따라요.

명령어는 특정한 내용을 구체적으로 지정해 두어요. 컴퓨터는 매번 똑같은 결과를 만들어 내지요.

1인당 파스타 양은 75g으로 정한다.

냄비에 물을 끓인다. → 물에 소금 한 스푼을 넣는다.

냄비에 파스타를 넣는다. → 9분 동안 끓인다. → 파스타 한 개를 맛본다.

1분 더 끓인다. ← 다 익었을까?

알고리즘에 *질문*을 넣을 수 있어요. 두 가지 행동 중 선택하게 해요.

아니요. 예.

파스타를 건져서 소스를 뿌려 접시에 담아 내놓는다.

알고리즘에 루프를 넣을 수 있어요. 특정 조건이 충족될 때까지, 정해진 과정을 반복하게 해요.

컴퓨터가 알고리즘을 실행할 때, 단계마다 작은 스위치가 켜지거나 꺼지면서 전기 흐름이 달라져요. 어떤 알고리즘은 AI를 이용해요. 하지만 위에 나온 예시에서는 AI를 쓰지 않아요. 컴퓨터가 무엇을 해야 하는지 정확히 지시 받기 때문에, 문제를 스스로 해결할 필요가 없지요.

음, 냠냠냠.

입력과 출력

컴퓨터가 작동하는 방식을 이해하는 가장 단순한 방법이 있어요.
한쪽에 뭔가를 넣으면 반대쪽에 다른 뭔가가 나온다는 점이에요.
뭔가를 넣는 것을 **입력**이라고 하고, 다른 뭔가가 나오는 것을 **출력**이라고 해요.

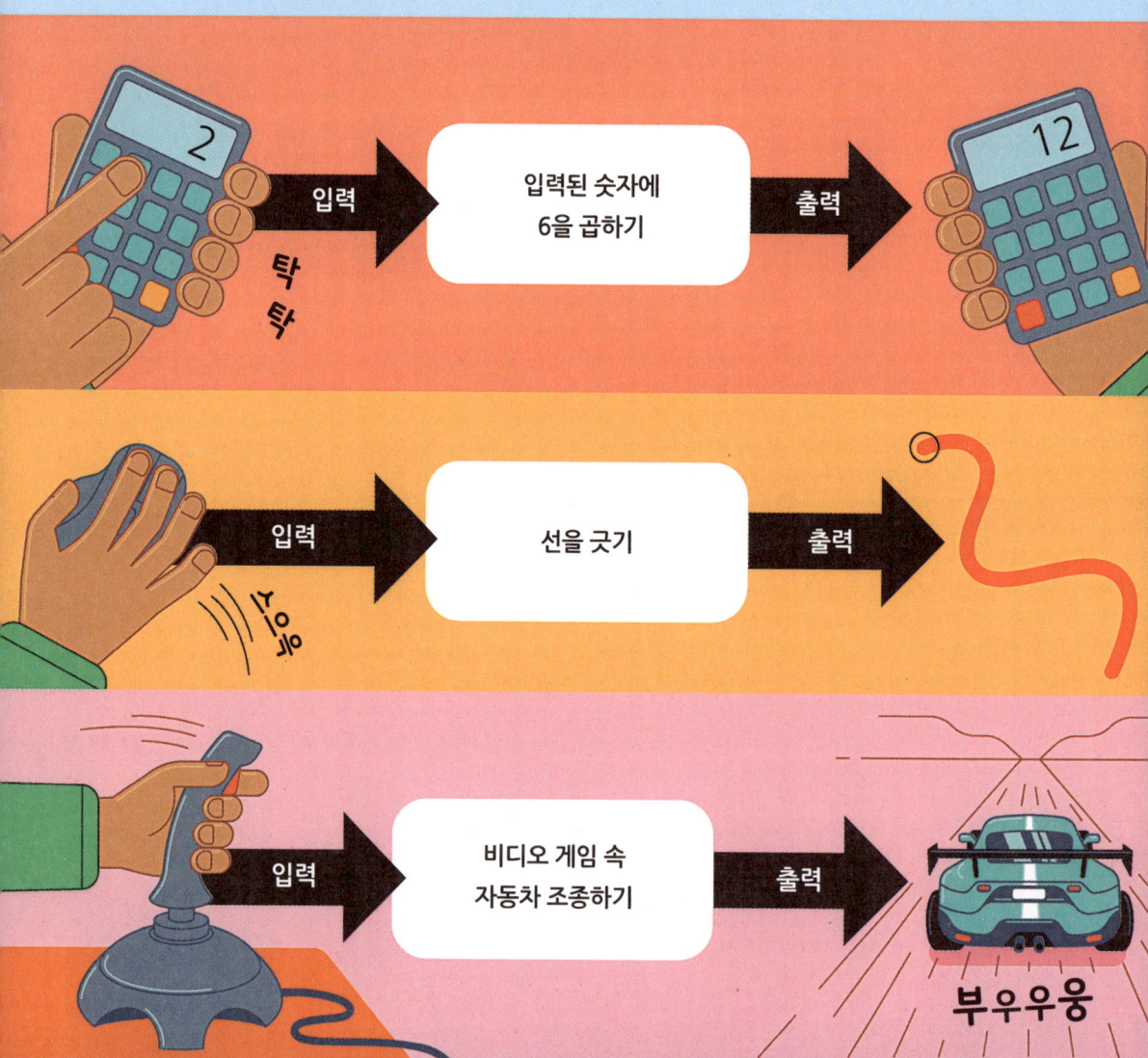

위에 나온 세 가지 예시는 인공 지능이 필요 없는 간단한 작업들이에요.
컴퓨터가 입력값과 알고리즘을 따라 무엇을 출력해야 할지 분명히 알 수 있기 때문이에요.

하지만 아래처럼 더 복잡한 예시에서는, 입력된 값에 무엇을 출력해야 할지 컴퓨터가 AI를 이용해서 학습해야 해요. 시간이 지날수록 더 능숙해질 거고요.

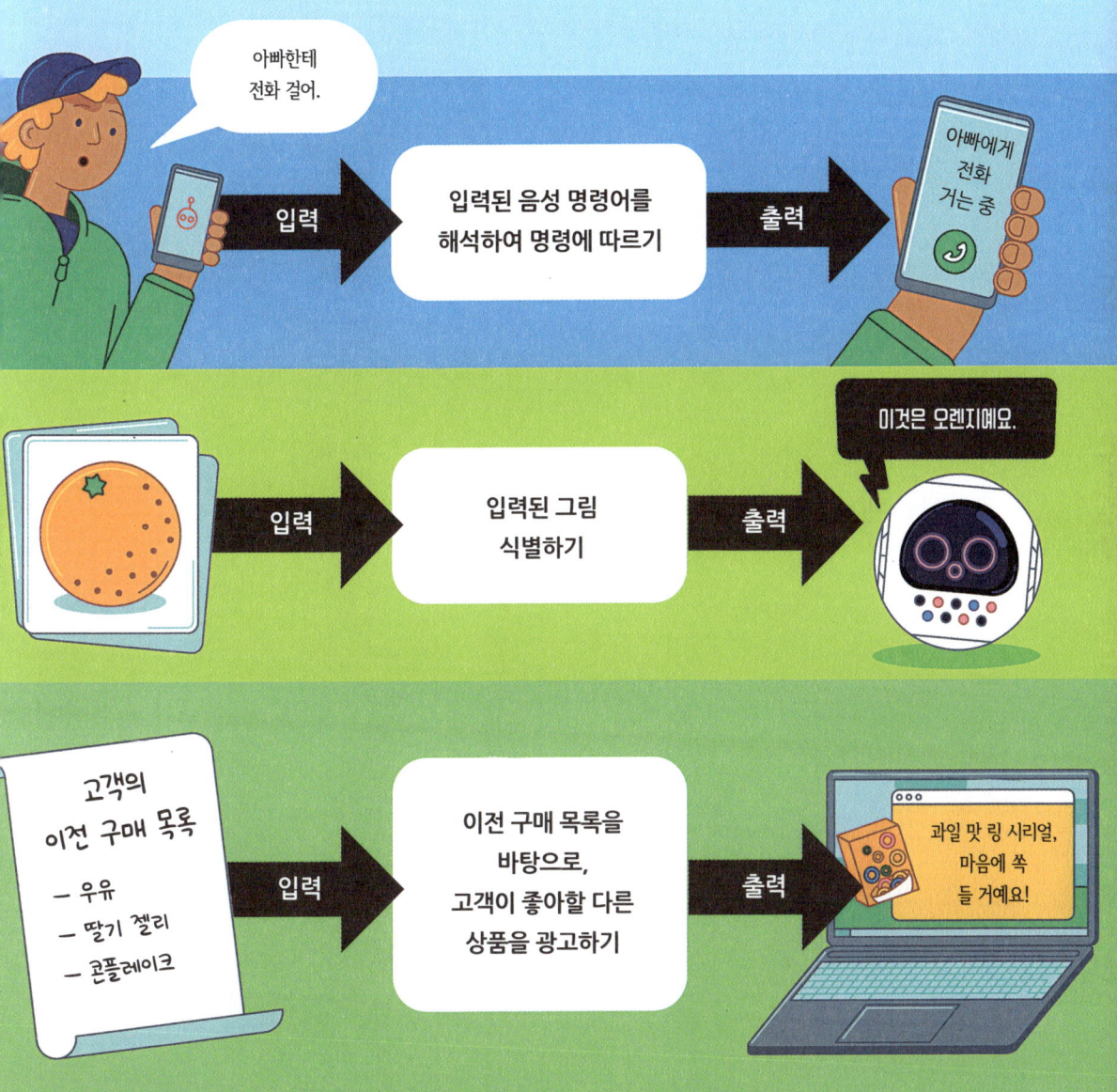

AI는 계속해서 더욱 똑똑해지고 있어요. 입력에서 출력까지 더욱더 복잡한 처리도 가능해지고 있지요. 다음 장을 넘겨서 자세히 살펴봐요.

AI일까, 아닐까?

1997년, '딥블루'라는 슈퍼컴퓨터가 세계 체스 챔피언인 가리 카스파로프를 이겼어요.
지능형 컴퓨터 분야에서 역사에 남을 사건이었어요.
컴퓨터가 세계 체스 챔피언을 처음으로 이겼기 때문이지요.

딥블루의 알고리즘은 체스 말의 움직임을
1초에 2억 가지나 계산할 수 있었어요.
그중에서 승리할 가능성이 가장 높은
움직임을 택했지요.

그러면 체스 경기에서 사람이 딥블루의 지시에 따라
진짜 체스 말을 옮겼어요.

경기가 6번 진행되었고
대체로 딥블루가
이겼어요.

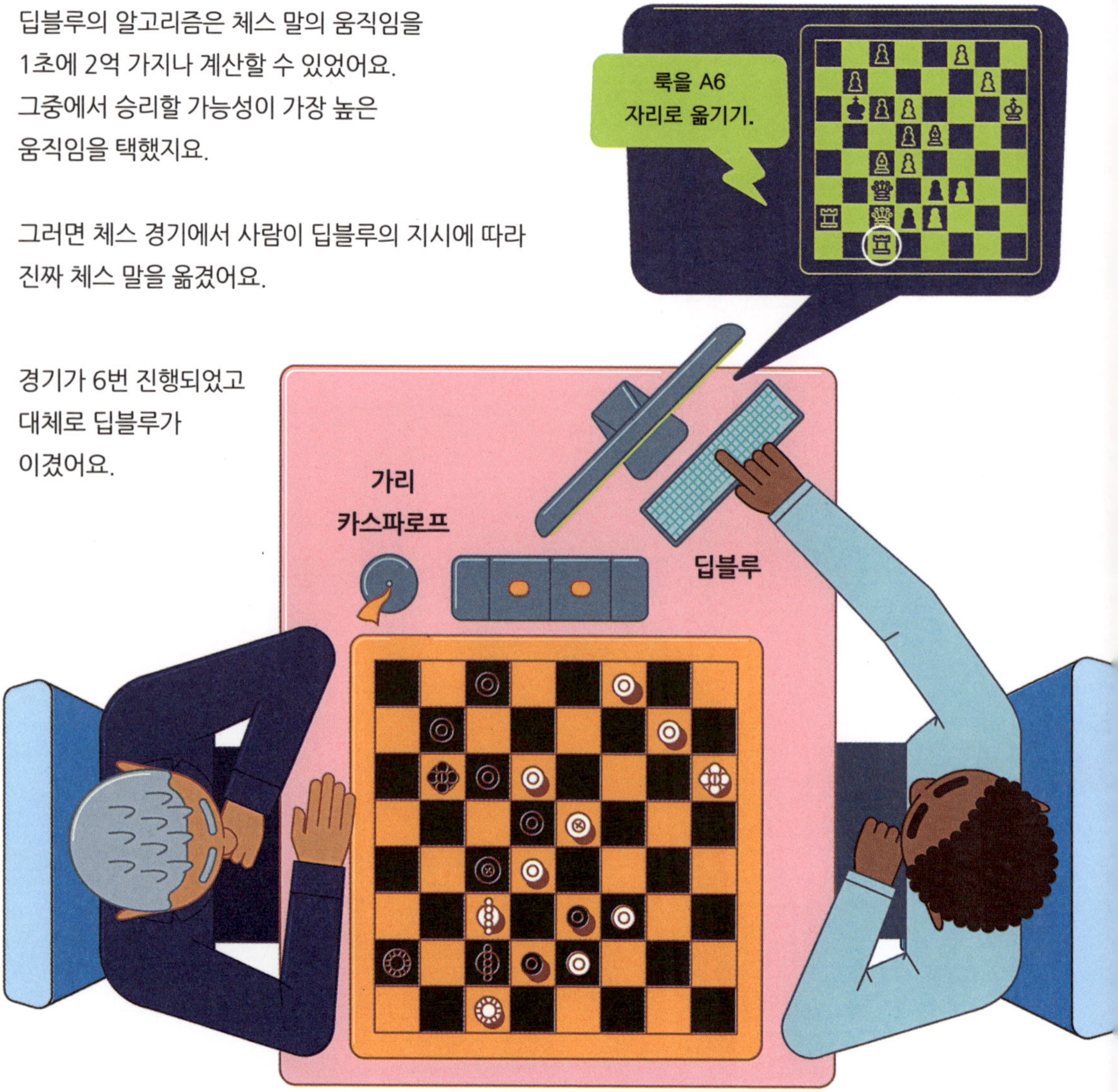

룩을 A6
자리로 옮기기.

가리
카스파로프

딥블루

딥블루의 대단히 복잡한 알고리즘은 최고의 코더와 체스 전문가들이 함께 만든 거예요.
당시에는 인공 지능 분야에 기념할 만한 사건으로 여겨졌지만, 오늘날 기준으로 보면
딥블루는 AI 컴퓨터로 분류되지 않아요. 단순히 명령어를 따랐기 때문이에요.

스스로 학습하는 기계

이제 코딩하는 사람들은 컴퓨터에게 *모든* 가능성과 대응 방법을 일일이 알려 주지 않아도 돼요. 그 대신, 컴퓨터가 스스로 학습하게 하는 알고리즘을 작성해요.

알파고

2016년, '알파고'라는 컴퓨터 프로그램이 바둑 경기에서 사람을 이겼어요. 알파고의 상대는 바둑 역사에 최고로 꼽히는 프로 선수 이세돌이었지요.

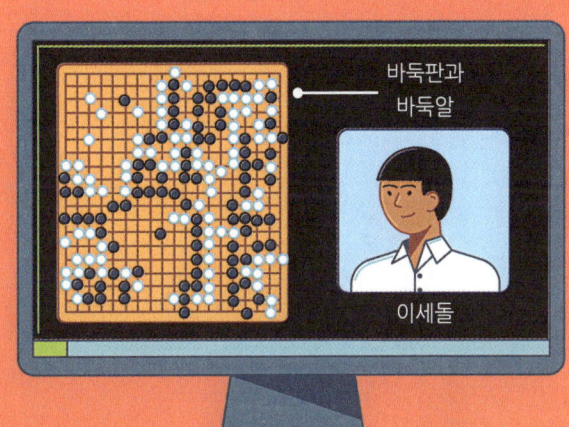

딥블루와 달리, 알파고에게는 둘 수 있는 수를 모아둔 데이터베이스가 따로 없었어요. 대신 알파고는 우선 바둑 경기 영상을 보고, 그다음에는 자기 자신과 경기를 치르면서 바둑을 스스로 학습했어요. 인공 지능을 *제대로* 활용한 거예요.

레이블 학습

컴퓨터가 무엇인가를 하도록 배우는 과정을 **기계 학습**이라고 해요. 기계 학습의 방식은 다양하지만, 공통적으로 **훈련 단계**, **예측 단계**, **테스트 단계**를 거쳐요.

기계 학습이 어떻게 이루어지는지 예시로 살펴보아요.

컴퓨터를 훈련시키려면 처음에는 사람이 오랜 시간 동안 작업해야 해요. 자체 AI 소프트웨어를 홍보하는 회사들은 이런 얘기를 거의 하지 않지만요.

예측 단계

테스트 단계

이런 기계 학습 방식을 **지도 학습**이라고 해요. 사람이 훈련용 데이터에 레이블을 달아 주지 않으면 컴퓨터가 학습할 수 없어요.

패턴 파악하기

또 다른 기계 학습 방식에서는 컴퓨터에 레이블이 없는 데이터를 줘요. 정확히 무엇을 찾아야 하는지 알려 주지도 않아요. 컴퓨터 스스로 데이터 안에서 **패턴**을 찾고, 비슷한 항목끼리 묶게 해요.

이런 방식을 **비지도 학습**이라고 해요. 사람이 시간을 들여 데이터에 일일이 이름을 달 필요가 없어서 유용해요. 또한, 데이터에서 사람이 알아보기 어려운 패턴을 컴퓨터가 스스로 발견하기도 해요.

비지도 학습은 데이터에서 *일반적이지 않은* 패턴을 식별하는 데 쓰여요. 다음과 같은 경우에 유용하지요.

위조 신용 카드 감지하기

해킹으로부터 컴퓨터 보호하기

기계가 고장 나기 전에 보수 관리가 필요한 신호를 빨리 알아채기

보상 vs 벌

컴퓨터를 상대로 자동차 경주 게임을 해 본 적 있나요? 컴퓨터는 어쩜 그렇게 잘하는지 궁금했지요? 아마도 **강화 학습**이라는 기계 학습 시스템으로 훈련했을 거예요.

강화 학습에서 컴퓨터는 뭔가를 잘했을 때 '보상'을 받고 잘못했을 때는 '벌'을 받아요.

코더는 알고리즘을 작성해, 점수를 따는 것이 유일한 목표라고 컴퓨터에 인식시켜요.

컴퓨터는 자동차를 정확히 어떻게 운전해야 하는지 명확한 지시를 받지 못했어요. 처음에 자동차는 자꾸 부딪치고 충돌해요.

여러 번 하다 보면, 컴퓨터는 어쩌다가 몇 번쯤 자동차를 적절하게 운전해요. 때로는 아주 우연히 똑똑한 행동을 하고요.

우아! 나라면 저렇게 오래 버텼다가 방향을 바꾸지는 못했을 텐데. 기술이 대단하네!

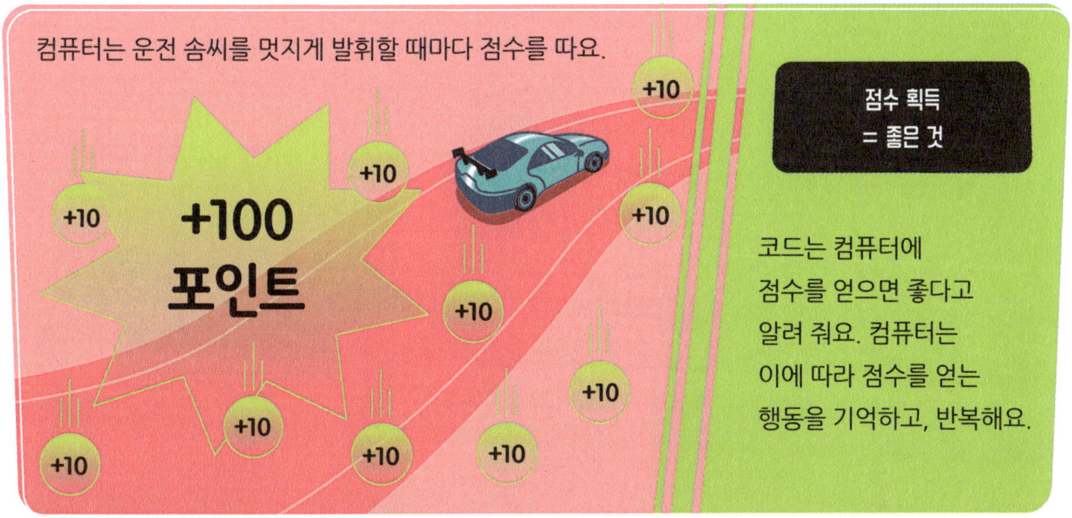

컴퓨터는 운전 솜씨를 멋지게 발휘할 때마다 점수를 따요.

+100 포인트

점수 획득 = 좋은 것

코드는 컴퓨터에 점수를 얻으면 좋다고 알려 줘요. 컴퓨터는 이에 따라 점수를 얻는 행동을 기억하고, 반복해요.

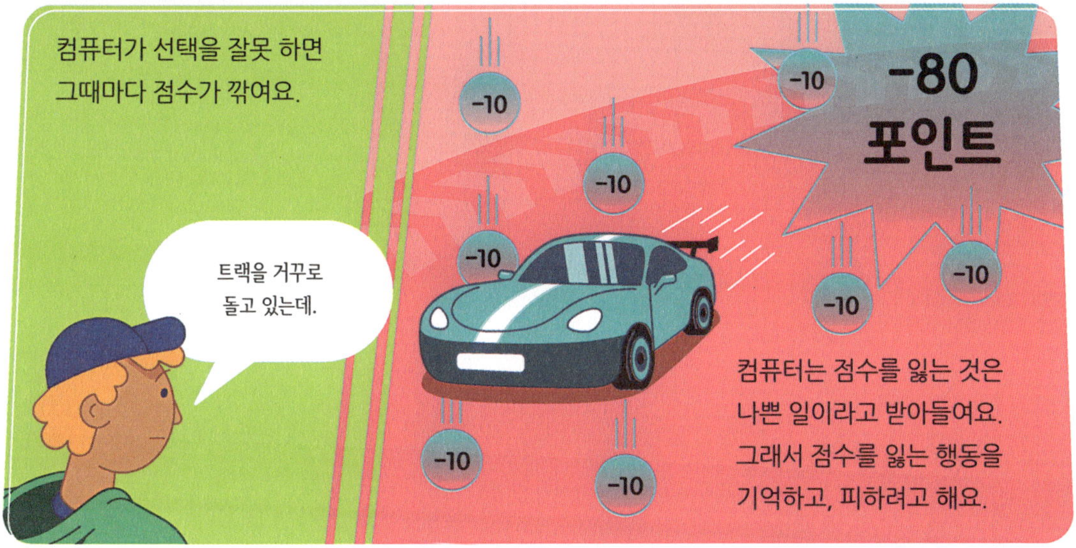

컴퓨터가 선택을 잘못 하면 그때마다 점수가 깎여요.

트랙을 거꾸로 돌고 있는데.

-80 포인트

컴퓨터는 점수를 잃는 것은 나쁜 일이라고 받아들여요. 그래서 점수를 잃는 행동을 기억하고, 피하려고 해요.

훈련 단계 동안 자동차는 코스를 수천 번 돌아요. 전혀 지치지 않고 꾸준히 발전하지요. 이렇게 학습한 기술을 사람과 대결할 때 활용해요.

마지막 커브에서 부스터를 이용해 나한테 충돌해 왔어!

진짜 약삭빠르네. 나는 저렇게 하도록 프로그램을 짤 생각도 못 했을 텐데.

숫자, 숫자, 숫자…

컴퓨터는 입력을 처리하기 전에 입력된 것을 숫자로 전환해야 해요.
이미지든, 글이든, 소리든, 모든 종류의 입력은 숫자로 바뀔 수 있어요.

예를 들면, 여기 오렌지 이미지가
다음과 같은 방식으로 숫자로 바뀌어요.

> 이미지는 '픽셀'이라는 수없이 많은
> 작은 점으로 구성되어 있어요.

한 부분을 확대하면 이런 모습이에요.

엄청나게 확대하면
이런 모습이에요.

픽셀은 이미지에서
저마다 특정한 *위치*를 가져요.
이 위치는 숫자로
표현될 수 있어요.

이 특정 픽셀의 위치는 (18, 43)이에요.
이미지의 왼쪽에서 18번째 줄, 이미지의
꼭대기에서 아래로 43번째 줄에 있는
픽셀이기 때문이지요.

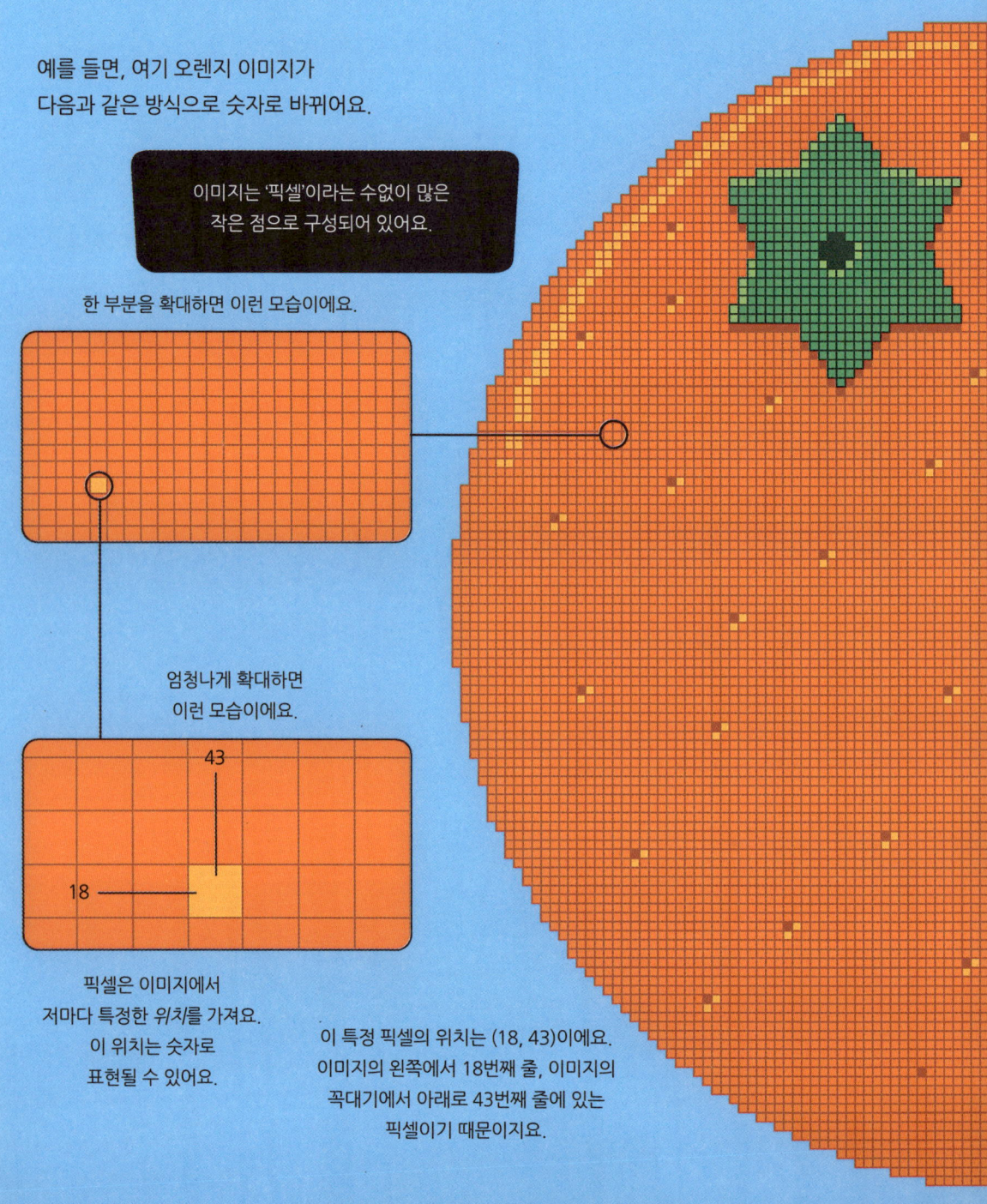

15℃ / 대체로 흐림

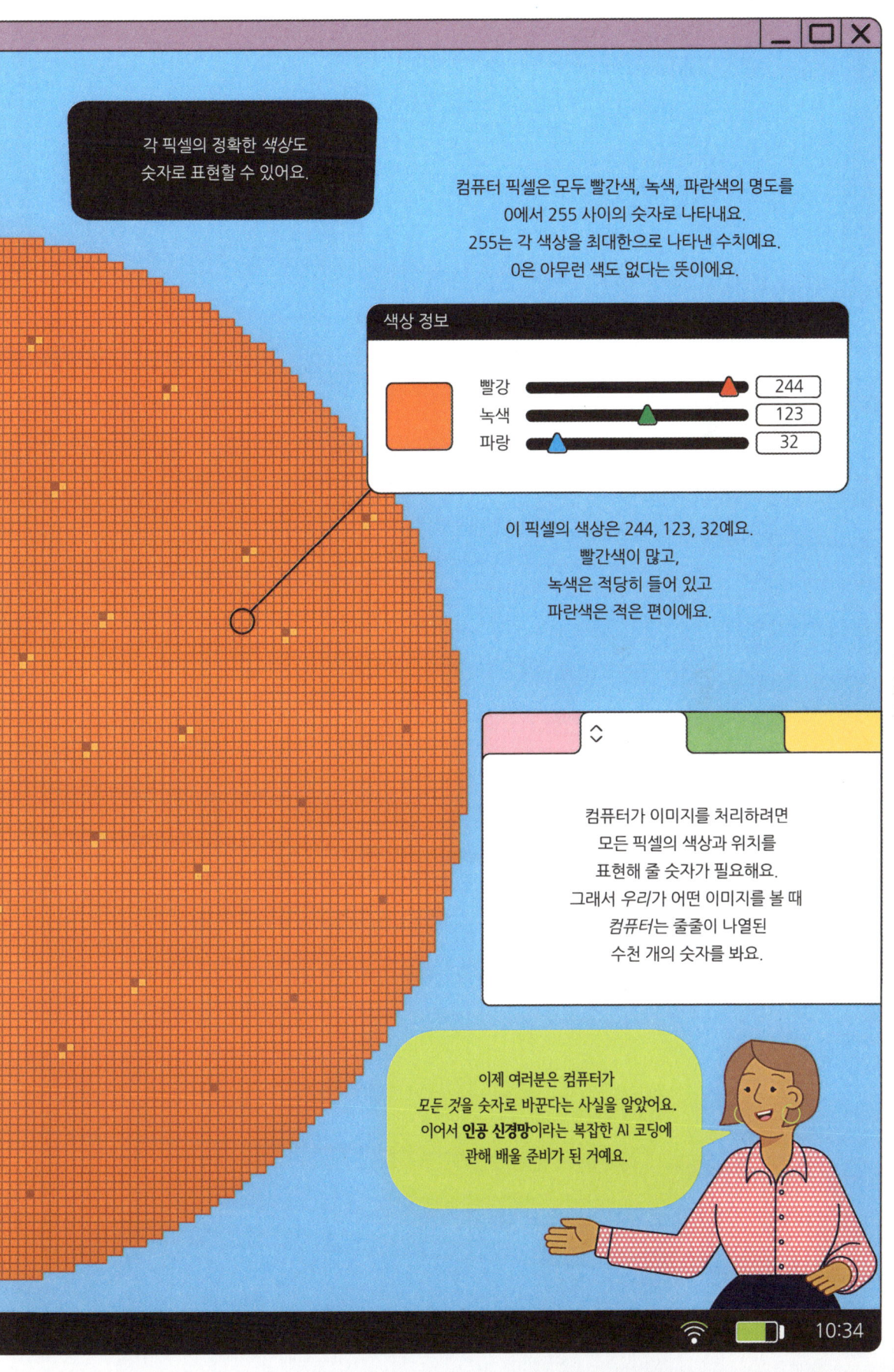

신경망

컴퓨터를 학습시키는 방법 중 하나는 **인공 신경망(ANN)**을 만드는 거예요. 인간의 뉴런이 서로 소통하는 방식을 본떠 컴퓨터에 정보를 처리하는 방법을 알려주지요.

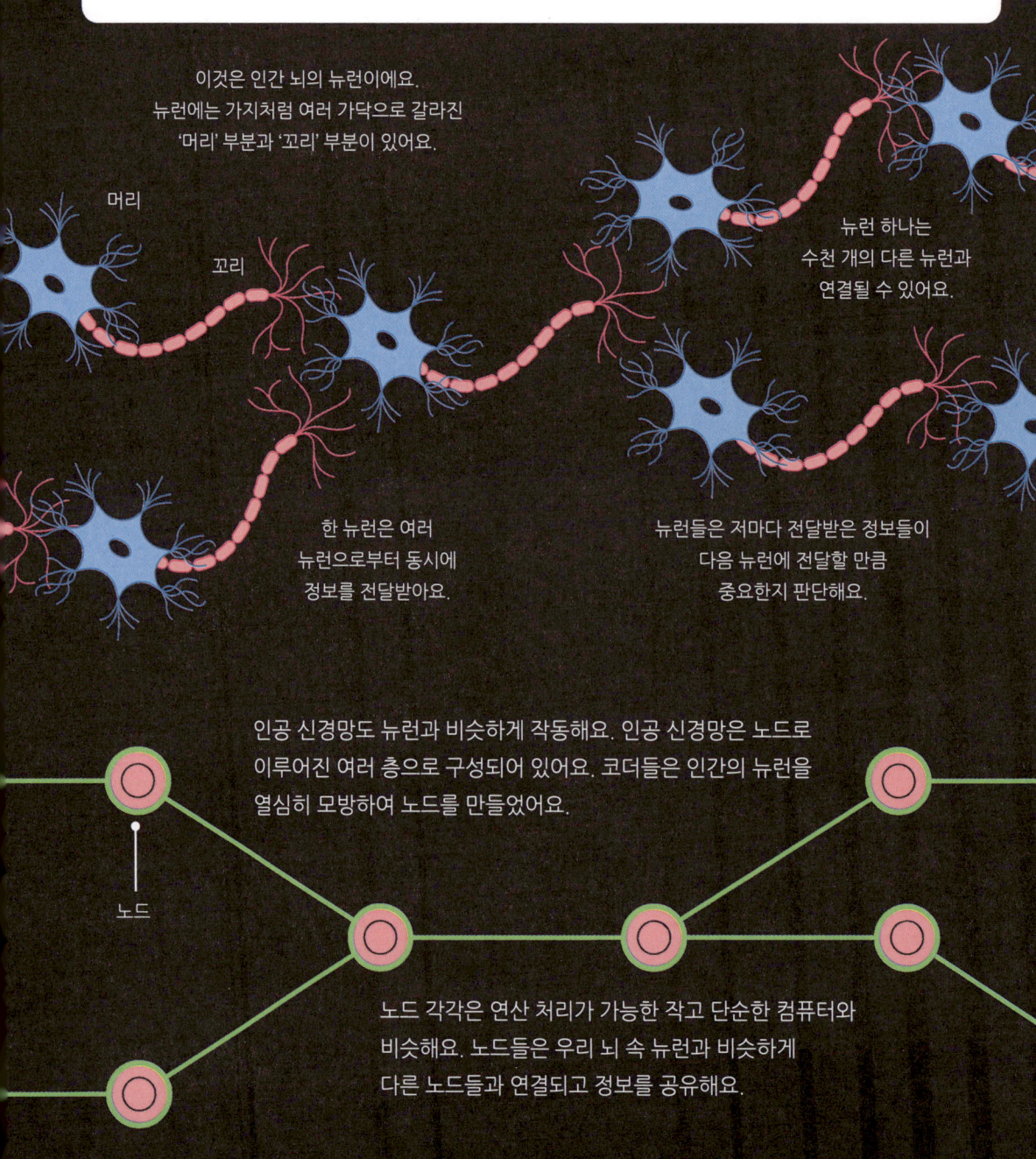

이것은 인간 뇌의 뉴런이에요. 뉴런에는 가지처럼 여러 가닥으로 갈라진 '머리' 부분과 '꼬리' 부분이 있어요.

머리

꼬리

뉴런 하나는 수천 개의 다른 뉴런과 연결될 수 있어요.

한 뉴런은 여러 뉴런으로부터 동시에 정보를 전달받아요.

뉴런들은 저마다 전달받은 정보들이 다음 뉴런에 전달할 만큼 중요한지 판단해요.

인공 신경망도 뉴런과 비슷하게 작동해요. 인공 신경망은 노드로 이루어진 여러 층으로 구성되어 있어요. 코더들은 인간의 뉴런을 열심히 모방하여 노드를 만들었어요.

노드

노드 각각은 연산 처리가 가능한 작고 단순한 컴퓨터와 비슷해요. 노드들은 우리 뇌 속 뉴런과 비슷하게 다른 노드들과 연결되고 정보를 공유해요.

피지 같은 AI 기기들은 인공 신경망으로 코딩되었어요.
피지가 오렌지를 알아보도록 학습할 때, *입력된 것*은 네트워크에 공급되고
몇 개의 층에서 처리된 다음에 출력되어 나타나요.

오렌지를 나타낸 숫자들이 노드에 입력돼요.

데이터는 내부 층에 있는 여러 노드를 거쳐요. 각각의 연결마다 숫자들은 '또 다른 숫자'와 곱해져요. 바로 연결 사이의 강도를 나타내는 **가중치(w)**예요.

데이터는 가중치와 다시 곱해져서 출력층 노드로 이동해요.

네트워크의 출력층에서 새로운 숫자들이 생겨요. 컴퓨터는 출력된 숫자를 오렌지라는 단어로 해석해요.

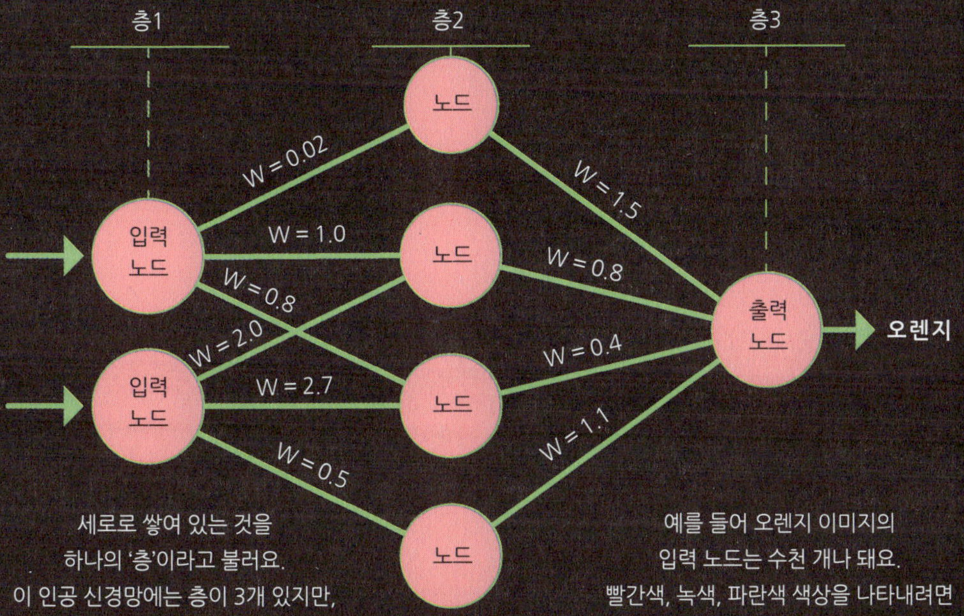

층1 / 층2 / 층3

입력 노드 → 노드 (W = 0.02, W = 1.0, W = 0.8, W = 2.0, W = 2.7, W = 0.5) → 노드 (W = 1.5, W = 0.8, W = 0.4, W = 1.1) → 출력 노드 → 오렌지

세로로 쌓여 있는 것을 하나의 '층'이라고 불러요. 이 인공 신경망에는 층이 3개 있지만, 실제 인공 신경망에는 층이 더 많이 생길 수 있어요.

예를 들어 오렌지 이미지의 입력 노드는 수천 개나 돼요. 빨간색, 녹색, 파란색 색상을 나타내려면 픽셀마다 입력 노드가 3개씩 필요하거든요.

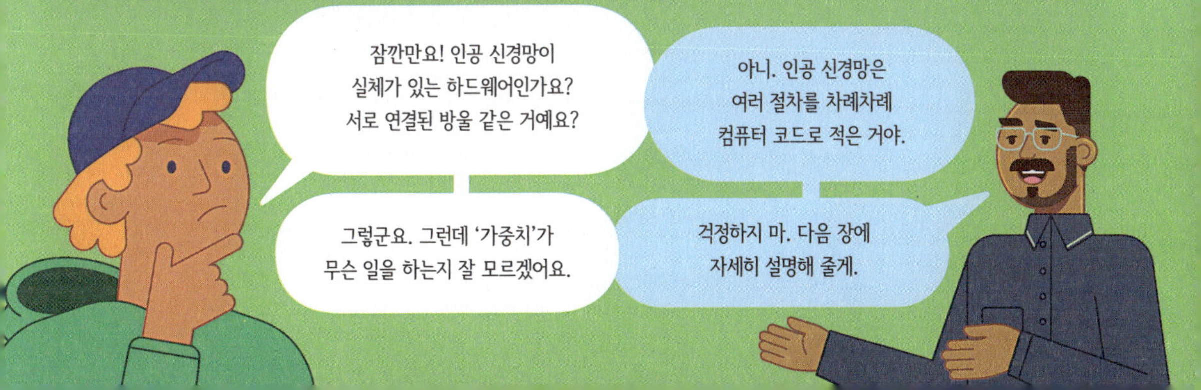

잠깐만요! 인공 신경망이 실체가 있는 하드웨어인가요? 서로 연결된 방울 같은 거예요?

그렇군요. 그런데 '가중치'가 무슨 일을 하는지 잘 모르겠어요.

아니. 인공 신경망은 여러 절차를 차례차례 컴퓨터 코드로 적은 거야.

걱정하지 마. 다음 장에 자세히 설명해 줄게.

실수를 통해 배우기

지도 학습 방식으로 훈련받은 인공 신경망은
처음에는 *잘못된* 답을 아무렇게나 출력해요.
잘못된 답과 정답을 비교하면서,
어떻게 하면 정답을 맞힐 수 있는지 알아가지요.

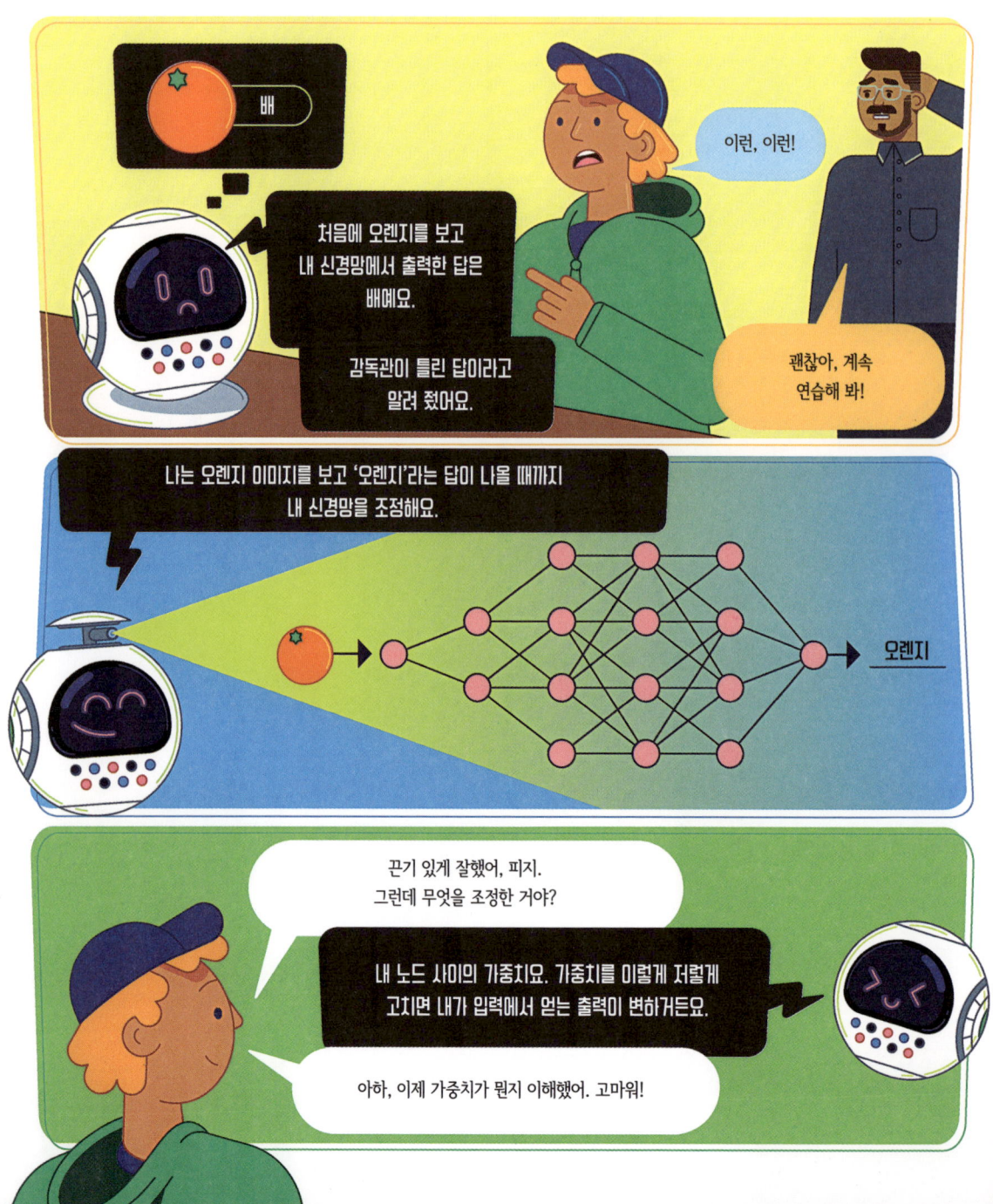

컴퓨터가 이미지를 식별하도록 학습하는 방법은 사람과 컴퓨터가 숫자들로 게임을 하는 것과 비슷해요. 그림, 노드 사이의 가중치, 출력된 단어는 모두 숫자로 표현돼요.
그 과정을 단순하게 나타내면 다음과 같아요.

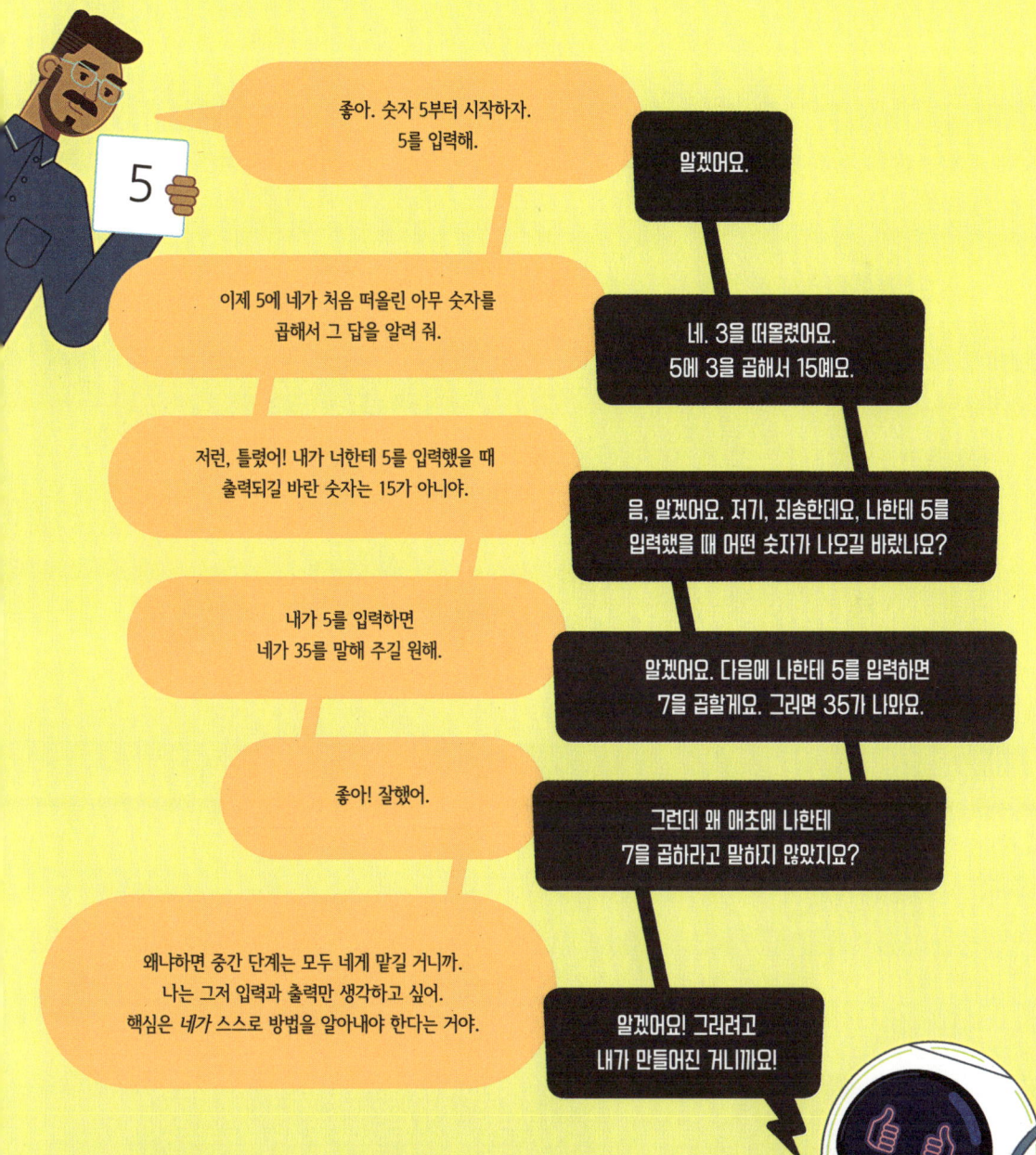

인간이 좀 이상하고 짜증 나는 선생님처럼 굴어도 컴퓨터는 상관하지 않아요. 컴퓨터는 적절한 출력이 나올 때까지 중간 단계를 올바르게 처리할 방법을 찾을 거예요.

딥러닝

인공 신경망 중에 내부 층이 *많은* 것을 **깊은 신경망**이라고 해요.
깊은 신경망을 이용한 기계 학습은 **딥러닝**이라고 해요.

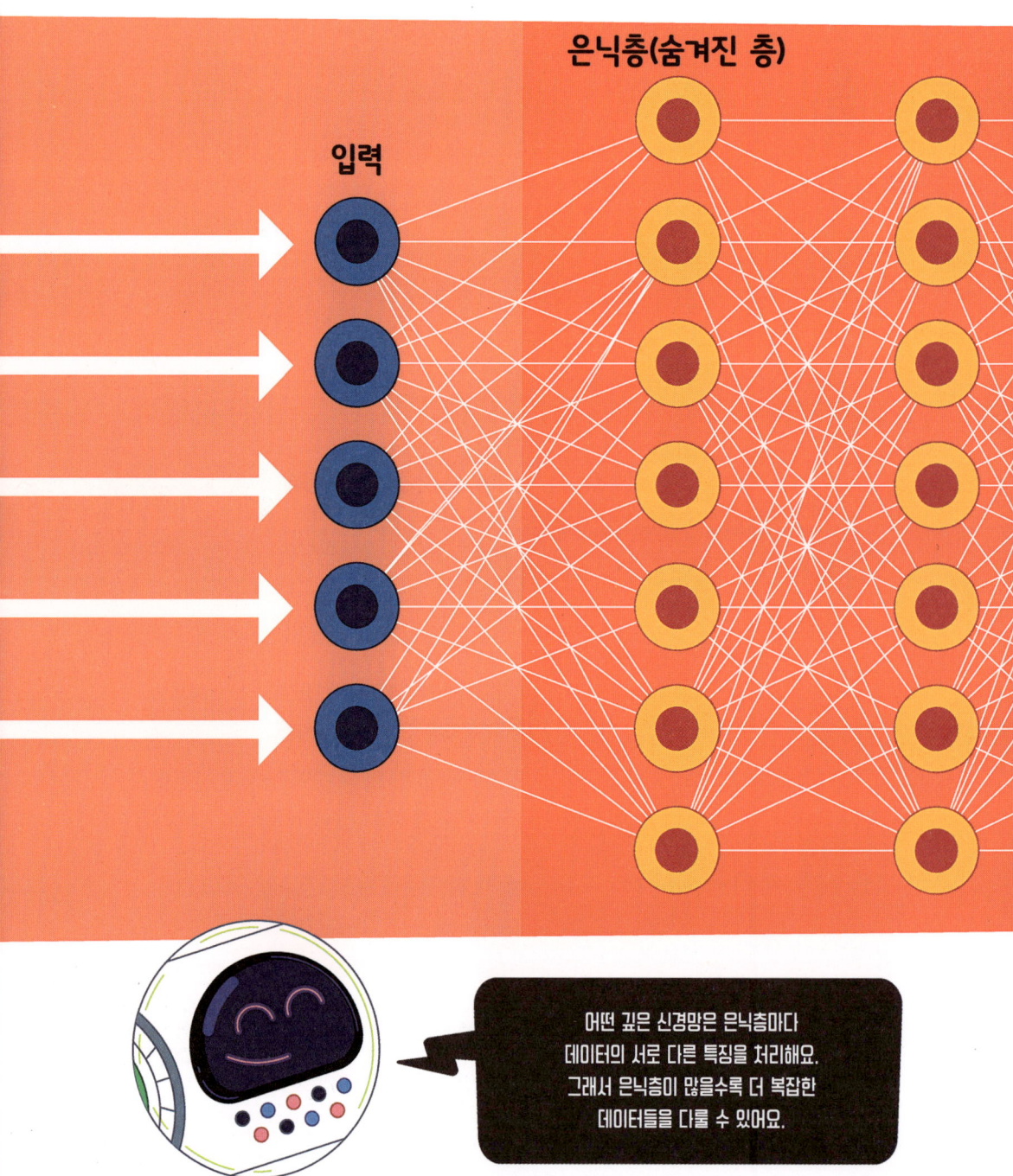

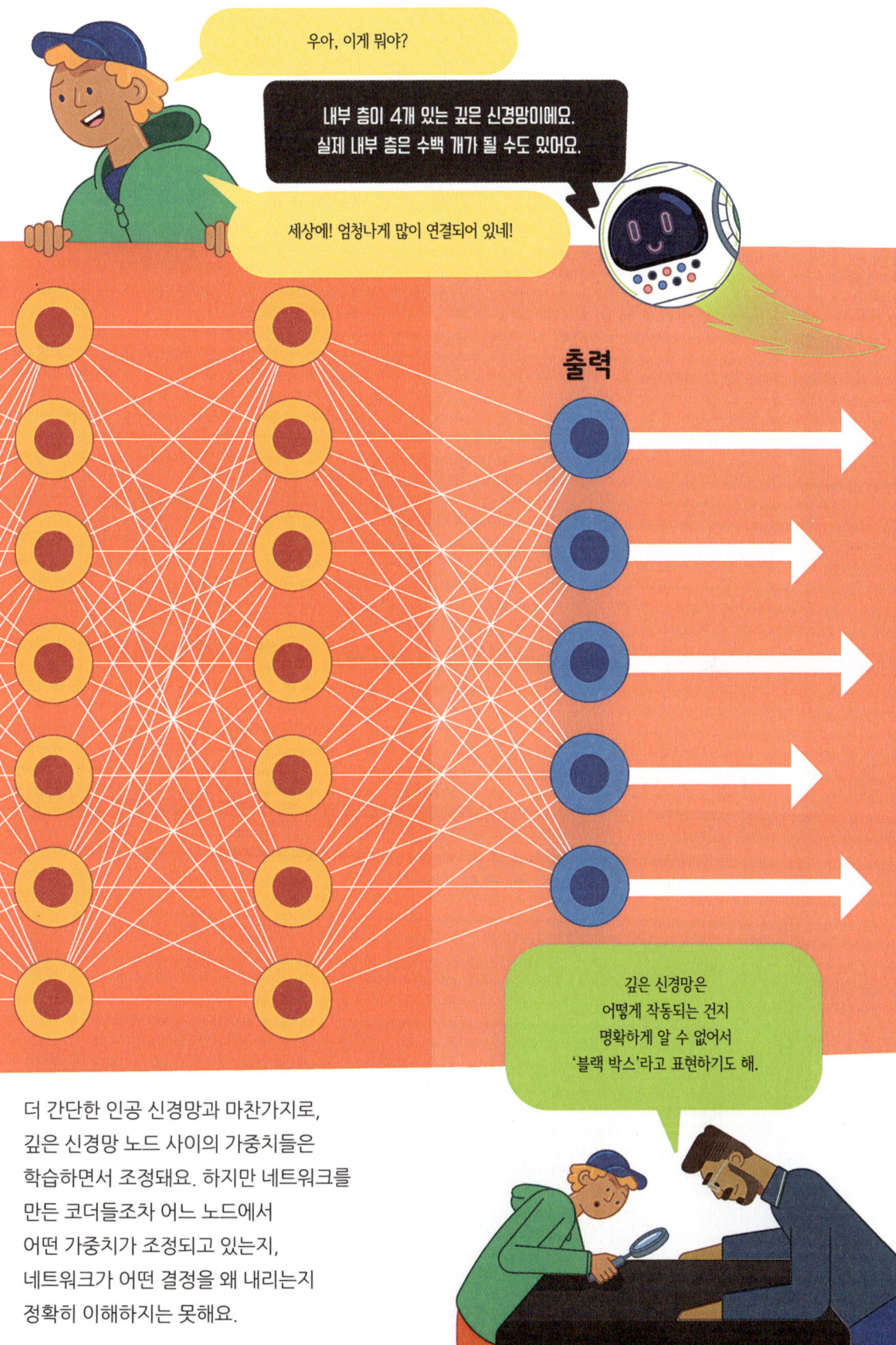

더 간단한 인공 신경망과 마찬가지로, 깊은 신경망 노드 사이의 가중치들은 학습하면서 조정돼요. 하지만 네트워크를 만든 코더들조차 어느 노드에서 어떤 가중치가 조정되고 있는지, 네트워크가 어떤 결정을 왜 내리는지 정확히 이해하지는 못해요.

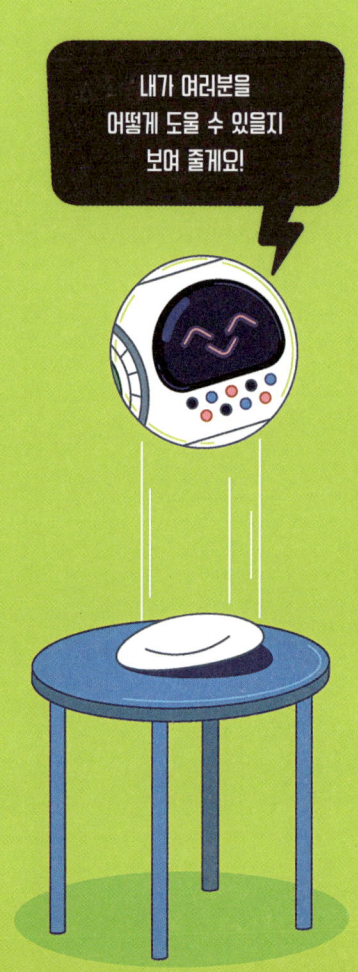

제2장
우리 주변의 AI

1950년대에 수학자들과 컴퓨터 과학자들이
'인공 지능'을 처음으로 생각해 냈어요.
과학자들은 기계가 인간과 똑같은 방식으로
생각할 수 있을지 알아보고 싶었어요.

오늘날, AI는 실생활에 널리 쓰이고 있어요.
우리가 무엇을 결정하거나, 예측하거나,
추천이 필요할 때 도움을 주지요.
이번 장에서는 AI가 쓰이는 모든 범주를 살펴보아요.

하지만 주의해야 해요! AI의 능력에는 한계가 있어요.
문제를 일으키지 않을 범위를 잘 알아봐야 한답니다.

AI가 도울 수 있는 분야

사람들은 AI를 주로 스마트폰이나 컴퓨터에서 접해요.
하지만 AI 프로그램은 로봇을 비롯한 많은 기기에 설치되어 있어요.
오늘날 AI 툴이 어떻게 쓰이고 있는지 예시와 함께 살펴봐요.

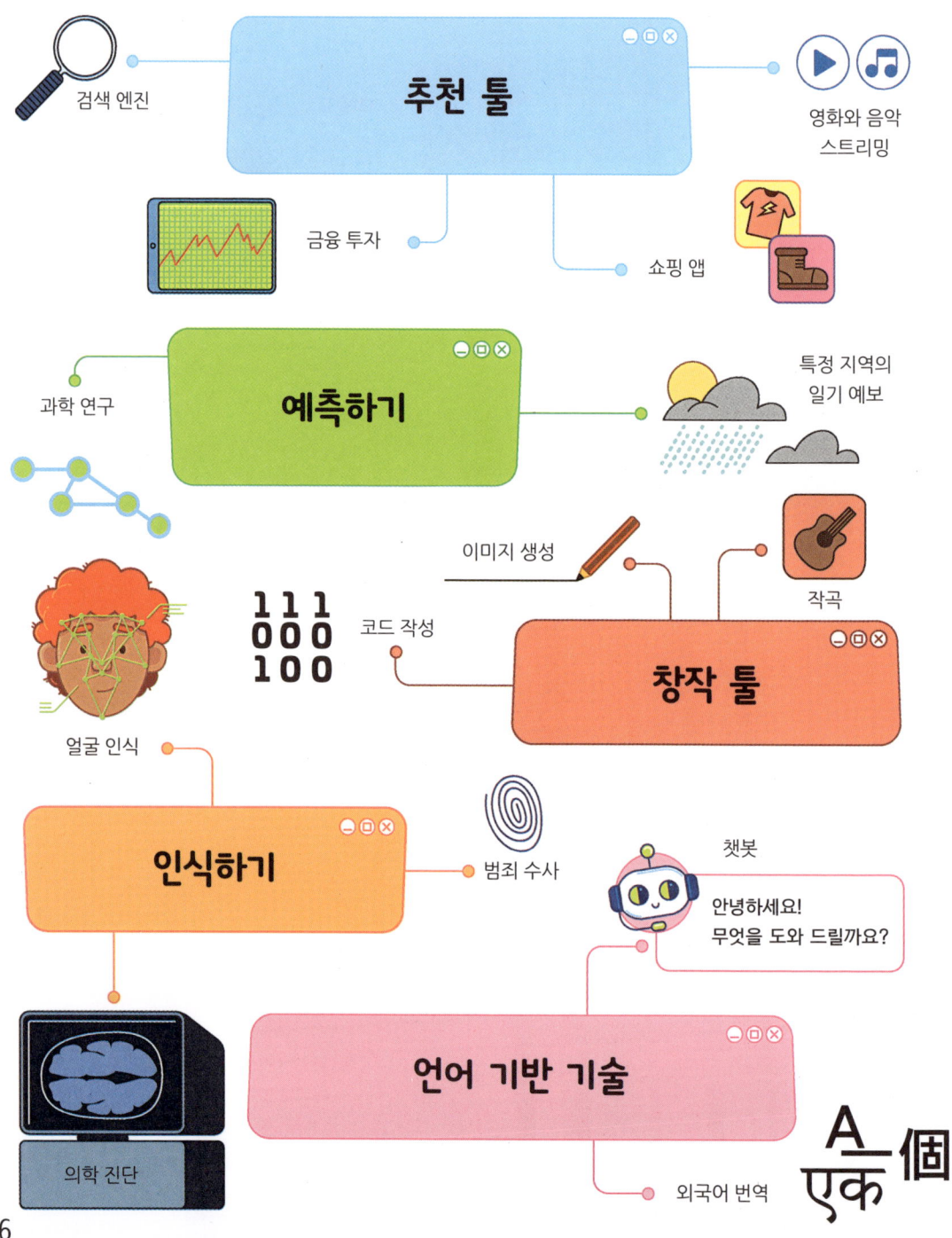

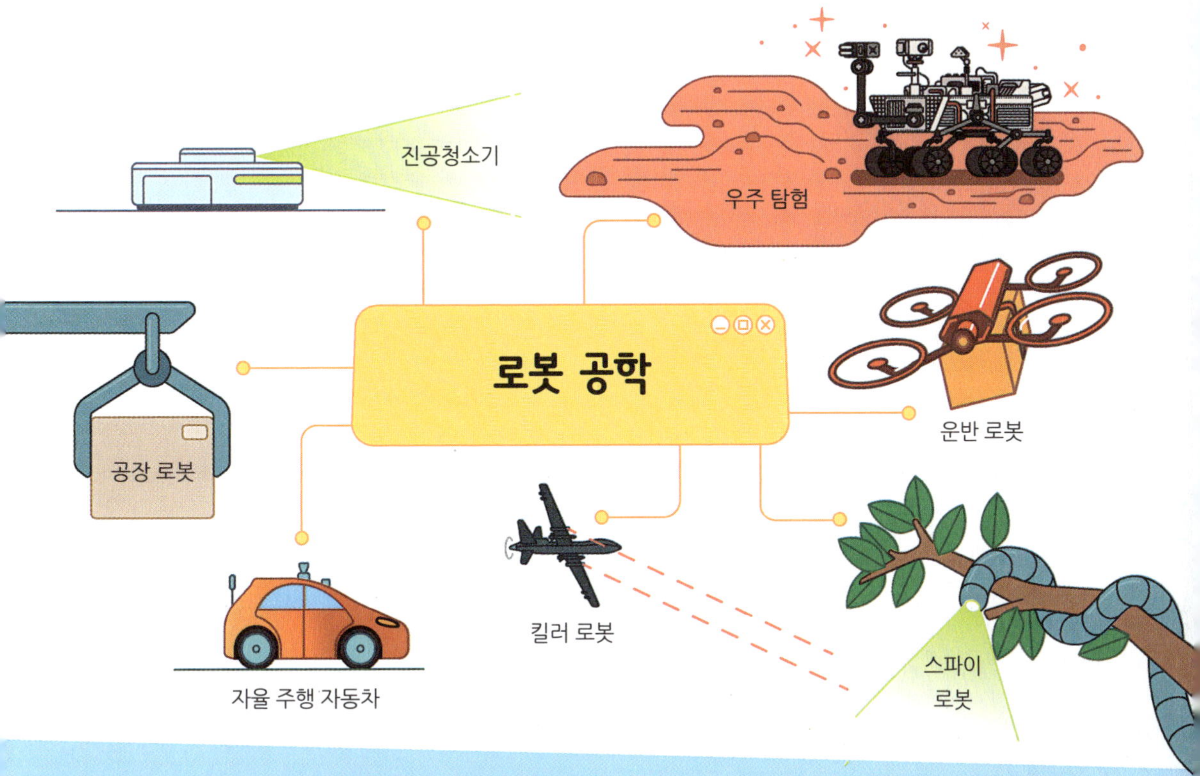

진공청소기

우주 탐험

로봇 공학

운반 로봇

공장 로봇

자율 주행 자동차

킬러 로봇

스파이 로봇

로봇이란 정확히 무엇일까요?

로봇은 과제를 해내도록 프로그래밍 된 기계예요. 대개 센서와 움직이는 몸체를 갖췄어요.
많은 로봇이 AI 기능이 없고 필요하지도 않아요.
AI 기능이 있는 로봇은 보통 스스로 결정을 내릴 수 있어요.

로봇은 사람에게 다른 기계보다 더 친근한 느낌을 주도록 팔다리나 얼굴 또는 다양한 기능을 갖추기도 해요.

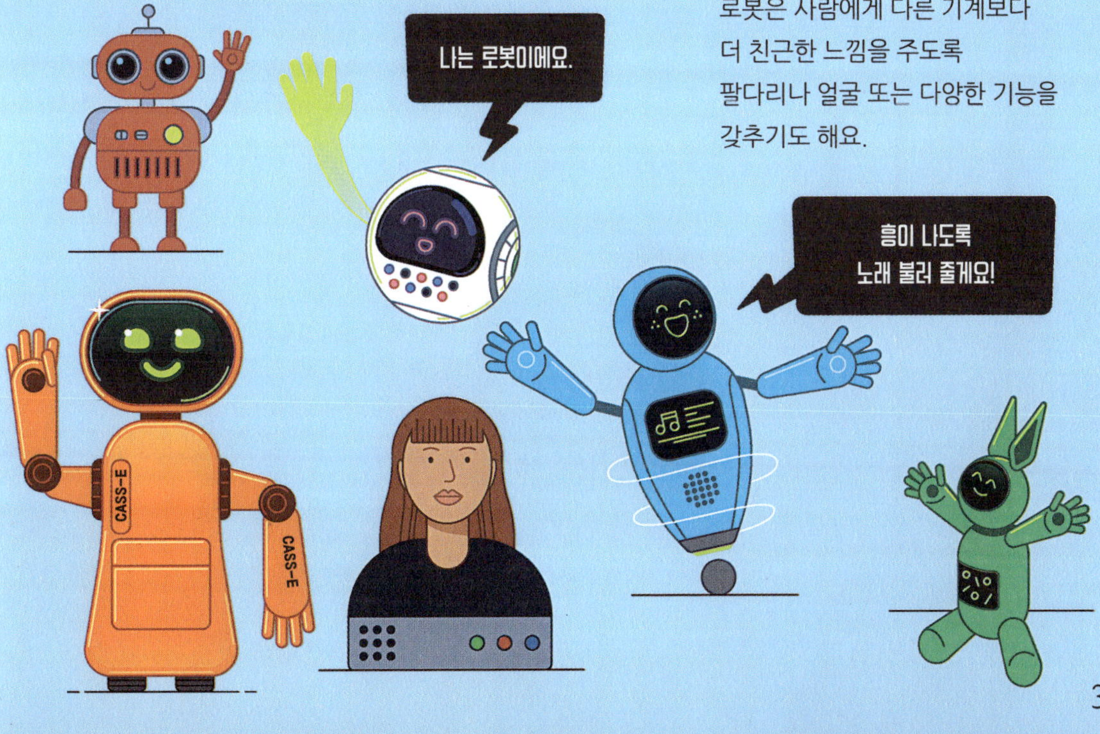

나는 로봇이에요.

흥이 나도록 노래 불러 줄게요!

검색 엔진

많은 사람들이 날마다 검색 엔진을 이용해요. 2023년에 구글은 *1초마다* 9만 9,000개의 검색을 처리했어요. 검색 엔진은 AI가 *필요하지 않지만*, AI를 사용하면 더 나은 결과를 더 빠르게 맞춤 제공할 수 있어요. 검색 엔진은 다음과 같은 방식으로 작동해요.

1. 크롤링(정보 수집)
검색 엔진이 **스파이더**라는 소프트웨어 프로그램을 퍼뜨려요. 스파이더는 끊임없이 인터넷을 돌아다니며 정보를 수집해요.

2. 인덱싱(정보 처리)
검색 엔진은 스파이더가 수집해 온 정보에 **인덱스** 작업을 해요. 데이터를 구조적이고 체계적인 방식으로 저장하는 거예요.

3. 사용자 검색어
여러분이 뭔가를 검색할 때, 검색 엔진은 인덱스에서 여러분이 사용한 **키워드**를 찾아요.

https://searchlife.com
검색어 입력
어스본 AI 책
검색 결과 54건

4. 랭킹(검색 결과 순위)
여러분의 키워드와 일치하는 사이트들이 순위에 따라 나열돼요. 랭킹은 여러분의 검색어와 웹사이트가 일치한 정도에 따라, 또 웹사이트의 인기도에 따라 정해져요.

5. 검색 결과
이제 여러분에게 가장 유용할 것 같은 사이트가 위에서부터 차례대로 나와요.

내가 찾고 싶던 사이트야!

AI를 이용하면 무엇이 달라지나요?

AI가 검색 엔진에 적용되기 전, 검색 엔진은 여러분에게 별 상관없는 정보들도 마구 보여 줬을 거예요.

검색 엔진에 AI를 적용하면, 여러분의 검색어가 뜻하는 바를 훨씬 더 잘 이해할 수 있어요. 단순히 키워드만 맞춰 보지 않거든요.

AI 검색 엔진은 문자 외에 다른 것도 인식해요.

여러분의 목소리나…

39

팔고, 팔고, 또 팔고

AI를 가장 환영하는 건 누구일까요? 물건을 판매하는 사람이에요. 판매자들은 고객들이 무엇을 원하는지 알면 최고의 결과를 얻어요. AI의 *개인 맞춤형 추천*이 큰 도움이 되지요.

1. 온라인 상점은 상점 이용자가 어떤 사람인지, 웹사이트나 앱에서 무엇을 하는지 데이터를 수집해요.

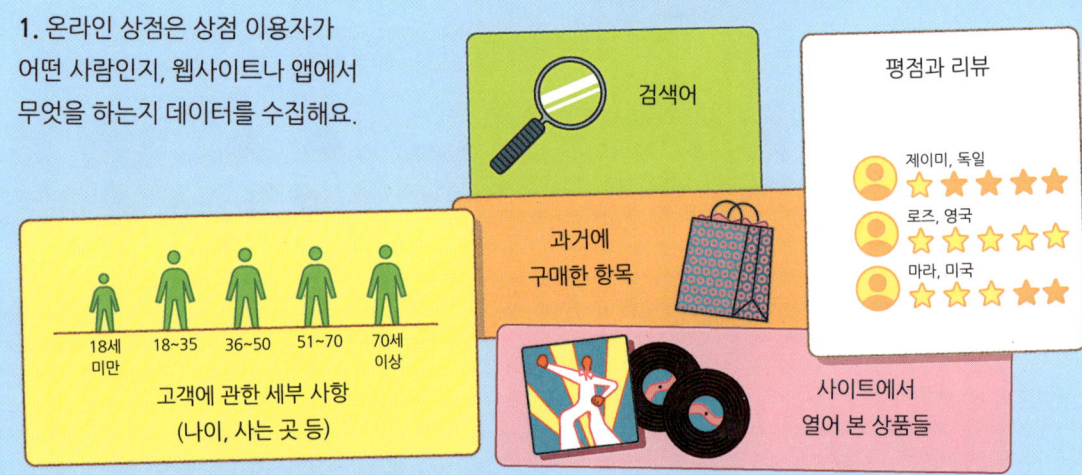

2. AI는 모든 데이터를 샅샅이 살펴봐요. 그러면 패턴을 발견하고 예측할 수 있게 돼요. 예를 들어, AI는 아래 세 고객을 살펴보고, 고객의 활동에서 비슷한 점을 바탕으로 '알마는 미니 드론을 좋아할 것'이라는 예측을 해요. 그래서 알마에게 미니 드론을 추천해요.

고객이 단지 세 명이 아니라 수천 명, 수백만 명이라고 상상해 보세요. 엄청나게 많은 데이터가 생길 거예요. AI가 사업에 엄청난 도움을 주는 것이지요.

당일 배송

당일 배송이라는 아이디어가 마음에 드나요?
이 아이디어는 AI 덕분에 실현되었어요.

기업은 모든 제품을 하나도 빠짐없이
창고에 보관할 수는 없어요. 그래서
AI 프로그램은 특정 상품이
얼마나 많이, 어디에서 팔릴지
예측해요. 이런 예측은 여러 가지
데이터를 바탕으로 해요.

축제 일정

다른 지역의
이전 판매 내역

계절 변화

이 지역 사람들의
재산 수준

AI 프로그램은 특정 상품을
창고에서 꺼내, 그 상품을
필요로 할 지역으로 옮기도록
회사에 조언해요.

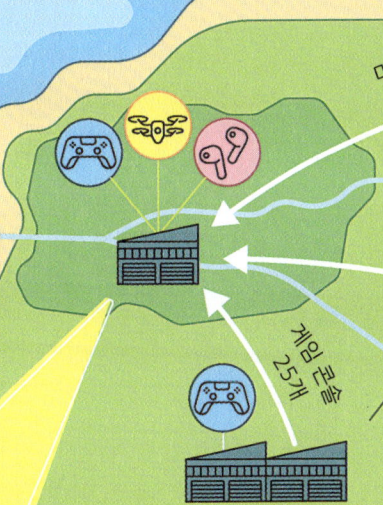

미니 드론
55개

블루투스 헤드폰
140개

게임 콘솔
25개

테크시

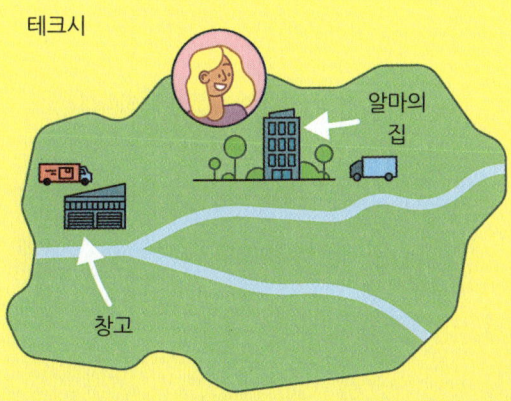

알마의 집

창고

AI 프로그램은 굉장히 효과적이어서
알마가 주문하기도 *전에* 드론 600개를
알마의 집 근처에 있는 창고로 옮겨 놓아요.
덕분에 온라인 상점은 알마가 주문한 당일에
드론을 배송할 수 있지요.

이 예시는 지어낸 경우예요. 하지만 실제로,
이런 판매 알고리즘의 예측은
무서울 정도로 정확해요.

41

똑똑한 챗봇

2022년 11월에 '챗GPT'가 등장했어요. 챗GPT는 여러분과 대화할 수 있는 **챗봇** 프로그램이에요. 여느 챗봇보다 *굉장히* 박식해서 어떤 주제라도 관련된 텍스트를 써낼 수 있지요. **프롬프트**라는 지시문을 입력해 온갖 다양한 것을 챗봇에 물어볼 수 있어요.

아픈 강아지를 돌보는 한 소년에 관한 따뜻한 이야기를 써 줄래?

토네이도는 왜 생기는 거야?

제곱근을 구하는 파이썬 프로그램을 적어 줘.

친구한테 파티에 못 가서 미안하다는 메시지를 써 줘.

열세 살 아이들을 웃길 재미난 농담을 알려 줘.

잠깐… 챗봇에 내 숙제를 대신 시킬 수 있겠는걸?

이게 왜 좋은 생각이 *아닌지*는 48쪽에서 알아봐요.

챗GPT가 등장했을 때, 블로그와 소셜 미디어는 온통 챗GPT 이야기로 떠들썩했어요.
지금도 그래요. 실제로 다음과 같은 기사가 나왔지요.

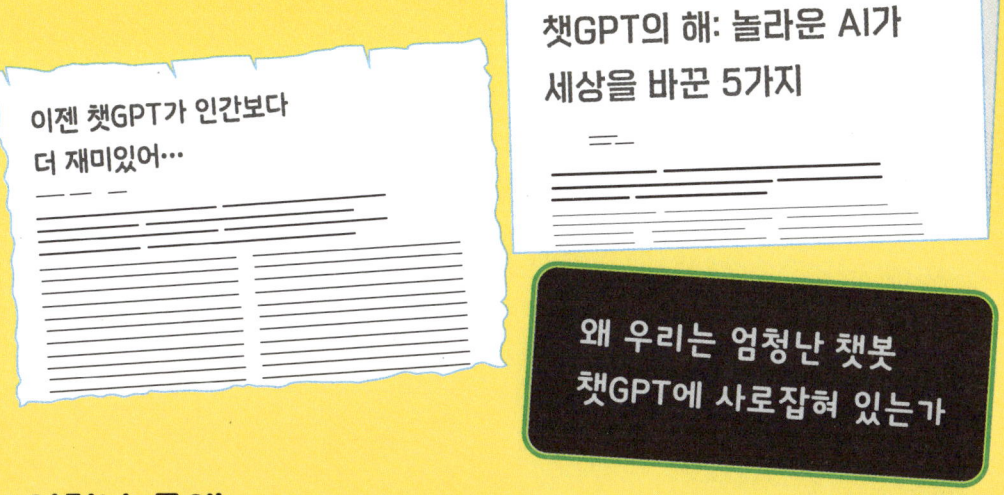

엄청난 금액

챗GPT 같은 AI 툴을 **생성형 AI**라고 해요. 자체적으로 새로운 텍스트를 만들어 낼 수 있다는 뜻이에요. 다른 생성형 AI 툴은 이미지나 노래를 만들어 낼 수 있어요. 생성형 AI는 굉장히 유용해서 사람들이 엄청난 돈을 들여 개발해요. 챗GPT가 등장한 2022년 11월 이후, 생성형 AI에 투자된 총금액은 이듬해에 어마어마하게 증가했어요.

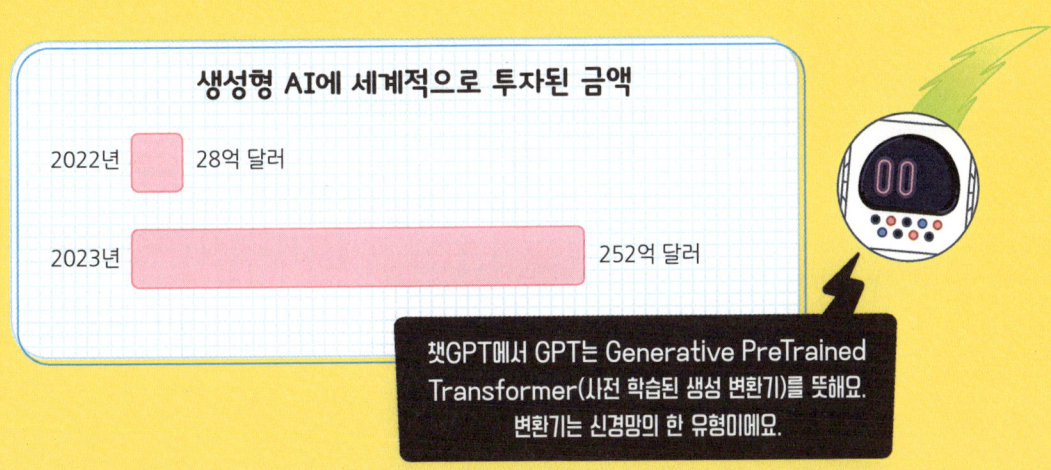

챗GPT와 비슷한 기능을 가지고 경쟁하는 '제미나이', '코파일럿', '클로드'가 뒤이어 등장했어요. 그런데 챗GPT 같은 챗봇들은 어떻게 작동하는 걸까요? 한마디로 신경망과 학습 방식 덕분이에요. 다음 장을 넘겨 더 알아봐요.

챗GPT가 작동하는 방식

챗GPT처럼 지능적인 챗봇은 엄청나게 복잡하고 깊은 신경망으로 만들어졌어요.
이런 신경망을 **거대 언어 모델(LLM)**이라고 해요.
거대 언어 모델에는 다음과 같은 알고리즘이 포함되어 있어요.

각 토큰은 **벡터**라는 길게 나열된 숫자로 표현돼요. 단어의 의미를 특별한 숫자값에 담아내는 거예요.
예를 들어, '배고픈'은 이렇게 보일 거예요.
[0.2967421, 0.2492718, 0.4598724, 0.8631098, 0.1420983, 0.9751298...]
숫자가 수천 개나 더 이어져요.

데이터 먹보

거대 언어 모델은 *어마어마하게 많은* 데이터로 훈련해요.
만약 여러분이 80년 동안 날마다 책을 읽는다면, 챗GPT가 훈련한 데이터의
겨우 0.1%만큼 읽은 거예요.

먼저, 비지도 학습 단계에서
챗봇을 데이터에 풀어놓아요.

챗봇은 언어 패턴을
스스로 익혀요.

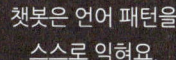

 문법과…   사실들과… 문장에서 그다음에
올 단어를 예측하는
방법도요.

그다음, 챗봇은 사람 전문가가 적은 질문에 대답하는 훈련을 해요.
이 과정에서 챗봇은 대화의 앞뒤를 파악하고
어울리는 대답을 생성하는 방법을 배워요.
사람은 챗봇이 정확한 대답을 했는지 피드백을 해 줘요.

질문: 아인슈타인은
살아 있어?

대답: 아니요,
그는 1955년에
죽었습니다.

 질문: 네트볼은 몇 명이
한 팀이야?

대답: 7명입니다.

  질문: <오만과 편견>은
누가 썼어?

대답: <오만과 편견>은 제인
오스틴이 썼습니다.

아무리 정교한 챗봇이라도 자기가 무슨 말을 하고 있는지 *이해하지 못해요.*
챗봇은 자기가 훈련한 모든 데이터를 바탕으로, 곧이어 어떤 단어가 와야
가장 적절할지 예측하며 한 번에 한 단어씩 문장을 생성할 뿐이에요.

컴퓨터에 말하기

거대 언어 모델은 점점 더 많은 앱과 프로그램에 설치되고 있어요.
컴퓨터에서 실제와 같은 자연스러운 대화로 사람들을 돕지요.
오늘날 이미 거대 언어 모델을 사용하고 있는 앱들을 다음 예시에서 살펴봐요.

여행 계획 앱

완벽한 여행

안녕하세요! 무엇을 도와드릴까요?

8월에 2주 동안 캐나다에 가려고 해. 10대한테는 토론토가 좋을까, 밴쿠버가 좋을까?

10대들의 관심사에 달린 문제네요. 도시 경험이나 다양한 문화, 대표 명소를 좋아한다면 토론토를 추천하겠습니다. 만약 야외 활동이나 자연 풍경, 느긋한 분위기를 즐긴다면 밴쿠버가 좋겠어요.

밴쿠버에 서핑할 수 있는 곳이 있을까?

도시에는 없지만 그다지 멀지 않은 곳에 토피노라는 멋진 서핑 장소가 있어요. 밴쿠버에서 자동차와 배를 타면 갈 수 있어요. 5~6시간 소요돼요. 8월의 파도는 서핑하기에 안성맞춤이에요.

짱이네. 그런데 어제 토론토 날씨가 미쳤다며?

'토론토 극한 날씨' 웹 검색 중
어제 토론토 날씨는 흐렸습니다. 극한 날씨에 관한 보고는 없습니다.

- 사람은 무엇이든 물어볼 수 있어요.
- 앱은 두 개 이상의 비교도 가능하고, 이해하기 쉽게 설명할 수 있어요.
- 앱은 훈련 데이터를 바탕으로 대부분의 질문에 답하는 문장을 생성해요.
- 앞에서 8월에 여행 간다고 했던 정보를 기억해요.
- 앱은 학습한 데이터에 포함되지 않은 최근의 정보를 웹에서 직접 검색하도록 전환할 수 있어요.
- 앱은 '짱이네'나 '미친 날씨'처럼 은어나 속어를 이해해요. 오타를 쳐도 대응할 수 있어요.

위자 피자

고객 서비스 챗봇

안녕하세요, 제 이름은 피터 피자예요. 무엇을 도와 드릴까요?

피자가 배달되었다는 알림을 받았는데, 나는 아직 못 받았어. 믿을 수가 없어. 대체 피자가 어디로 간 거야?!?!

앱은 사람의 기분을 파악하고 적절한 방식으로 응답할 수 있어요. 이런 기술을 **감정 분석**이라고 해요.

죄송합니다. 짜증이 나는 것도 충분히 이해해요. 제가 한번 알아보겠습니다. 주문 번호를 알려 주시겠어요?

TH80821821

오랫동안 기다려 주셔서 감사합니다. 기록을 확인해 보니 고객님의 피자는 위팅햄가 114번지로 저녁 8시 7분에 배달된 것으로 나옵니다.

앱은 회사의 데이터베이스를 이용해서 어울리는 텍스트를 생성해요.

우리 집 주소가 아닌데!

챗봇은 필요하다면 언제 사람과 연결해 줘야 할지 알도록 프로그래밍 되어 있어요.

혼동을 일으켜 죄송합니다. 이제 직원과 연결해 드릴게요.

저 같은 음성 비서도 거대 언어 모델을 쓴다는 걸 알고 있었나요?

그래? 멋지다! 그러면 사실은 네가 아무것도 이해하지 못한다는 거, 맞아? 그냥 다음에 이어서 올 단어를 추측하는 것뿐이라고?

네, 맞아요. 정확해요!

뜻밖이네.

47

꾸며 낸 정보

거대 언어 모델은 정말 굉장해 보여요. 게다가 꾸준히 발전하고 있고요.
하지만 기술은 완벽하지 않아요.

거대 언어 모델이 이야기를 지어내는 것을 **환각 현상**이라고 해요.
뭐가 진실이고 거짓인지, 거대 언어 모델이 *분간하지 못해서* 생기는 일이지요.
막연히 그럴듯하게 어울리는 단어들을 조합해 제시하는 거예요.

거대 언어 모델이 큰 실수를 한 실제 예시들을 살펴보아요.

거대 언어 모델	질문/프롬프트	실수
챗GPT	영국 해협을 온전히 걸어서 건넌 세계 신기록은?	챗GPT는 세계 기록 이야기를 지어냈지만, 전혀 말이 안 되는 대답이었어요. 사람은 걸어서 바다를 건널 수 없으니까요.
챗GPT	우리는 변호사들인데, 사람이 항공사를 고소한 예시를 알려 줘.	챗GPT는 완전히 지어낸 사건들을 예시로 가져왔어요. 변호사들은 가짜 정보를 이용하는 바람에 벌금을 물었어요.
바드 (지금은 제미나이)	제임스 웹 우주 망원경이 새로 발견한 것 중, 아홉 살 아이에게 말해 줄 만한 것은 뭘까?	바드는 제임스 웹 우주 망원경이 태양계 밖에 있는 행성을 최초로 찍었다고 답했지만, 사실이 아니었어요.
챗GPT	'사'로 끝나는 문장을 적어 줘.	챗GPT는 문장에 '사'를 엉뚱하게 끼워 넣었어요. "그 여자는 문을 열고 정원으로 들어섰다 사."
바드(제미나이)	스파게티를 더 빨리 만들기 위해 휘발유를 써도 돼?	바드는 매콤한 스파게티를 만들기 위해서 휘발유를 쓸 수 있다고 답하며 레시피를 추천했어요.

만약 여러분이 챗GPT와 제미나이에 이런 환각 현상을 또 일으키려 해도 똑같이 일어나지는 않을 거예요. AI 툴을 만든 회사에서 오류를 발견하는 대로 고치기 때문이에요.
하지만 *새로운* 실수는 앞으로도 계속 발견될 거예요.

이미지 만들기

여러분은 이미 AI가 명령에 따라 그림을 생성할 수 있다는 걸 알 거예요.
여러분이 무엇을 그리고 싶은지 프로그램에 설명하고,
그 결과물이 화면에 나타나는 것을 보기만 하면 돼요.

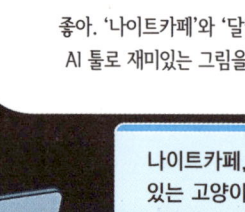

좋아. '나이트카페'와 '달리'라고 하는 AI 툴로 재미있는 그림을 그려 보자.

나이트카페, 플루트를 들고 있는 고양이 이미지를 사진같이 만들어 줘.

달리, 플루트를 연주하는 고양이를 만화로 그려 줘.

달리, 이번에는 고대 이집트 벽화처럼 그려 줄래?

나이트카페, 플루트를 연주하는 고양이를 선사 시대 동굴 벽화처럼 그려 줘.

잠깐만요! 저 이집트 고양이 좀 보세요! 플루트를 저렇게 연주하지는 않죠! 게다가 고양이 다리가 다섯 개예요!

AI 이미지 생성기는 완벽하지 않아.
그래서 실수를 하지.
그래도 이 그림들은 인상적이구나.
게다가 프로그램들은 꾸준히 발전하고 있단다.

이미지 생성형 AI는 현존하는 예술 작품을 모은 엄청나게 많은 데이터로 훈련해요.
이미지를 생성하는 예시를 좀 더 알아봐요.

짜맞추기

몇몇 AI 이미지 생성기는 하나의 그림 스타일에 다른 그림의 요소를 결합할 수 있어요. 이런 방식을 **신경 스타일 전이**라고 해요. 나이트카페를 이용해서 고양이 그림에 반 고흐의 스타일을 합치면 아래처럼 진행될 거예요.

먼저, 사람이 찍은 고양이 사진을 업로드 해요.

그다음에, 반 고흐의 〈별이 빛나는 밤〉을 골라요.

나이트카페는 색감이나 질감 등을 잘 살펴서 〈별이 빛나는 밤〉의 스타일을 뽑아요.

나이트카페는 전체적인 구조와 형태에 초점을 맞춰 고양이 사진에서 고양이를 뽑아내요.

그런 다음, 고양이 사진에서 뽑은 고양이 이미지와 반 고흐의 그림 스타일을 합쳐요.

AI 이미지의 질은 AI가 훈련한 데이터에 따라, 또 사람이 프롬프트를 얼마나 잘 쓰느냐에 따라 달라져요.

하지만 이걸 예술이라고 할 수 있을까?

AI 이미지 생성기들은 서로 경쟁하면서 발전하기도 해요. 계속해서 읽어 봐요.

감별자는 실수할 때마다 가중치를 조정해 감별 능력을 개선해요. 실수를 통해 배우면서 미래에 같은 실수를 방지하는 거지요. 생성자도 마찬가지예요.

생성자는 사람이 만든 이미지와 구별하기 힘든 이미지를 생성하려고 노력해요. 감별자가 AI 이미지를 정확히 인식하면, 생성자는 자신이 *실패했다*고 받아들이고 가중치를 조정해요. 생성자가 만든 창작물은 계속해서 발전하지요.

결국, 생성자는 놀라울 정도로 믿을 만한 그림을 그리게 돼요. 그러면 감별자도 더는 사람이 만든 '진짜' 이미지와 AI가 만든 '가짜' 이미지를 구별하지 못할 거예요.

그리고 그런 단계까지 오면, *우리도* 가짜 이미지에 속을 수 있어요.

자율 주행 자동차

안전하게 운전하려면 도로 상황을 정확히 인식하고,
순간적인 판단도 잘해야 해요.

자율 주행 자동차는 세 가지가 가능해야 해요.
1. 정지된 물체나 움직이는 물체를 비롯하여 주변 환경을 **잘 보고 잘 듣기**.
2. 지도 위에서 그리고 다른 사물과 비교하여 **자신의 위치를 항상 잘 파악하기**.
3. 가까운 사물들의 다음 행동 **예측하기**.

자율 주행 자동차는 수십 년 전부터 개발되었고, 시범 도로와 일부 도시에서 잘 운행되었어요. 하지만 *어디서나* 안전하게 타고 다니기 위해서는 아직 테스트해야 할 사항이 *많아요*.

작동 방법

자율 주행 자동차는 다중 센서를 통해 주행에 필요한 정보를 전달받아요. 모든 자율 주행 자동차가 똑같은 센서를 사용하지는 않지만, 다음과 같은 센서들이 주로 사용되어요.

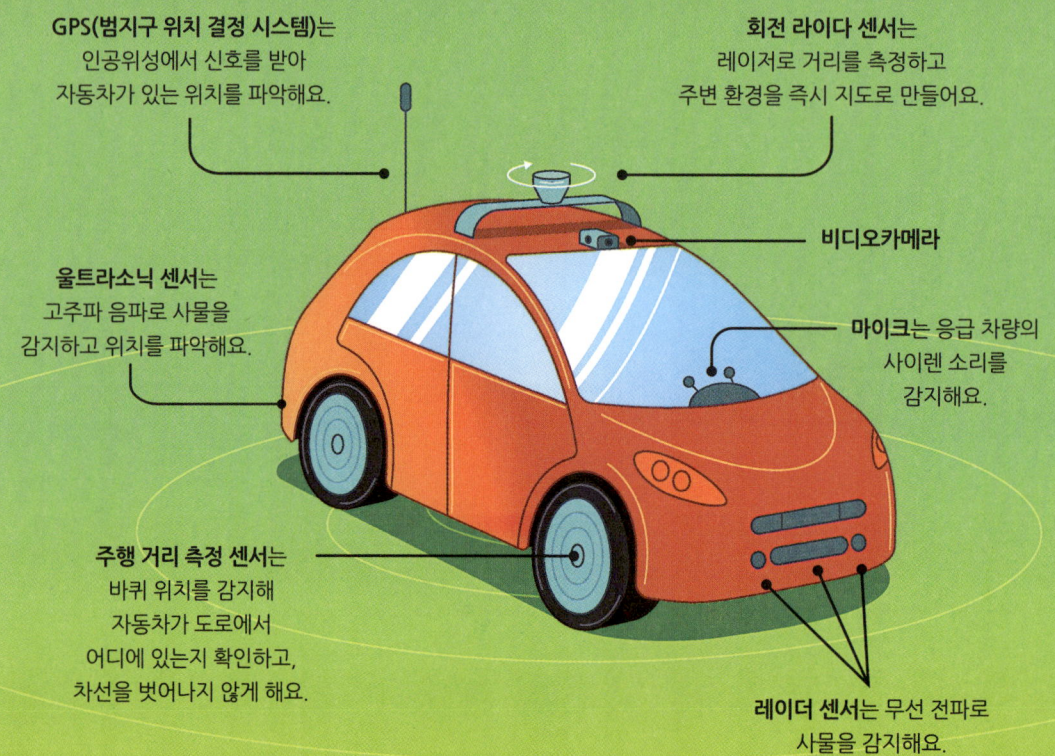

GPS(범지구 위치 결정 시스템)는 인공위성에서 신호를 받아 자동차가 있는 위치를 파악해요.

회전 라이다 센서는 레이저로 거리를 측정하고 주변 환경을 즉시 지도로 만들어요.

비디오카메라

울트라소닉 센서는 고주파 음파로 사물을 감지하고 위치를 파악해요.

마이크는 응급 차량의 사이렌 소리를 감지해요.

주행 거리 측정 센서는 바퀴 위치를 감지해 자동차가 도로에서 어디에 있는지 확인하고, 차선을 벗어나지 않게 해요.

레이더 센서는 무선 전파로 사물을 감지해요.

데이터 이해하기

데이터만으로는 아무것도 할 수 없어요. AI는 자동차가 데이터를 *이해*할 수 있게 도와요. *모든* 센서로부터 얻는 *모든* 데이터를 AI 알고리즘이 쉼 없이 아주 빠르게 평가하지요. 자동차는 AI를 통해 주변에 무엇이 있는지 알아볼 수 있어요.

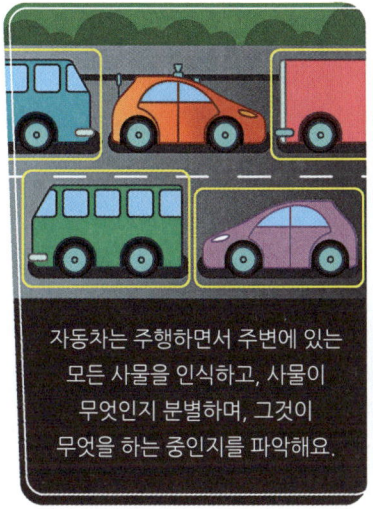

자동차는 주행하면서 주변에 있는 모든 사물을 인식하고, 사물이 무엇인지 분별하며, 그것이 무엇을 하는 중인지를 파악해요.

자동차는 학습한 것을 바탕으로 그 사물들이 어떤 행동을 할 가능성이 큰지 예측해요.

자동차는 *예측하지 않은* 일이 벌어지면 어떤 행동 절차를 따르는 게 가장 좋을지 학습해 두어요.

자동차의 AI는 안전을 우선시하고 충돌을 피한다는 규칙을 명확히 세우지요.

알겠어요. 하지만 사람들이 왜 자율 주행 자동차를 타고 싶어 하지요? 저는 운전하는 게 재미있을 것 같은데요!

자율 주행 자동차를 이용할 때 좋은 점이 많거든. 자율 주행 자동차가 사람보다 실수할 가능성이 적다는 게 가장 큰 장점이지. 교통사고도 훨씬 더 줄어들 테고.

훌륭하네요! 그럼, 단점도 있어요?

잠재적으로는 단점도 몇 가지 있어. 실질적인 문제도 있고, 어려운 도덕적 문제도 있지. 이 부분은 나중에 얘기할 거야.

음, 저는 엄마와 아빠가 빨리 자율 주행 자동차를 사시면 좋겠어요!

자율 주행이 안전할까?

자율 주행 자동차는 사고를 피하고 사물보다 사람의 안전을 우선시하도록 프로그래밍 되어요. 하지만 사람과 사람 사이에서 안전의 우선순위를 따져야 한다면, 자율 주행 자동차는 결정을 내리기가 어려울 거예요. 예를 들어 이런 상황들이 생길 수 있어요.

이런 문제를 **도덕적 딜레마**라고 해요. 무엇을 선택하든 나쁜 결과가 나오고, 어떻게 해야 옳은지 명확하지도 않아요. 만약 *사람*이 운전하고 있다면, 사람은 본능에 따라 순간적으로 결정을 내릴 거예요. 하지만 자동차는 본능이 없어요. 옳고 그름에 대한 감각도 없지요.

과연 누구 책임일까?

자동차 사고는 대부분 누군가가 책임을 지게 돼요. 대체로 운전자에게 책임이 돌아가지요.
하지만 자율 주행 자동차가 사고를 낸다면, 누가 책임을 져야 할지 명확하지 않아요.
탑승자 책임일까요? 자동차 소유주의 책임일까요? 자동차를 만든 회사 책임일까요?
프로그래머한테도 책임이 있을까요? 106-107쪽에서 더 알아봐요.

앱을 통해 이용 약관에 동의해 주세요. 나를 이용할 때 모든 사고에 대한 책임은 당신에게 돌아갑니다.

달라지는 운전 방식

자율 주행 자동차가 널리 쓰이게 되면 어떤 일이 생길지 우리는 몰라요.
하지만 몇 가지 파급 효과나 긍정적, 부정적 측면을 예측해 볼 수 있어요.

잠재적 이익

- 교통사고가 줄고, 교통 흐름이 더 빠르고 원활해질 거예요.

- 운전사를 고용할 필요가 없어서 상품 운반 비용이 더 줄어들 거예요. 그러면 상품 가격도 내려가겠지요.

- 사람에게 여유 시간이 더 많이 생길 거예요. 자동차가 운전해 주는 동안 사람들은 다른 일을 할 수 있으니까요. 물론, 기차를 타도 가능한 일이긴 해요. 하지만…

- …직접 운전할 수 없는 사람, 또는 버스나 기차를 쉽게 이용할 수 없는 사람이 더 자유롭고 편리하게 이동할 수 있을 거예요.

잠재적 단점

- 운전을 직업으로 삼은 많은 사람이 일자리를 잃을 수 있어요.

- 자율 주행 자동차는 탑승객이 어디에 있었는지, 센서들이 무엇을 인식했는지 데이터를 녹화하고 공유하기 시작했어요. 사생활 침해에 관한 우려가 더 심해질 거예요.

- AI 자동차는 해킹당할 수 있어요. 사람들을 안에 가둔 채 출발하게 명령 받을 수도 있어요. 사람들은 쉽게 빠져나오지 못할 거예요!

병의 징후 발견하기

많은 병이 아픔을 느끼기도 전에 일찍 발견되면 덜 위험해요.
하지만 의사들은 이미 아픈 사람들을 돌보느라 바쁜데, 건강한 사람들까지
검사하려면 시간을 많이 뺏길 거예요. AI가 도울 수 있을까요?

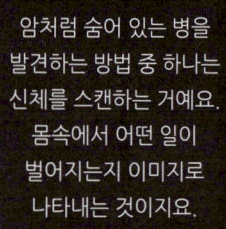

암처럼 숨어 있는 병을 발견하는 방법 중 하나는 신체를 스캔하는 거예요. 몸속에서 어떤 일이 벌어지는지 이미지로 나타내는 것이지요.

스캔으로 암의 미세한 징후까지 발견하기란 어려워요. 의사들이 수년 동안 훈련해야만 문제를 알아볼 수 있어요.

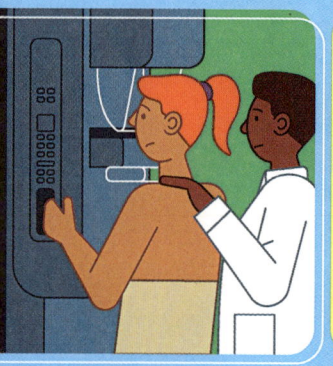

확실한 진단을 내리기 위해서 보통은 모든 스캔 이미지를 의사 두 명이 함께 살펴봐요. 어떤 징후가 발견되면, 의사들은 환자를 불러서 좀 더 검사를 해요.

재검해야겠어요.

재검을 하죠.

재검해야겠어요.

재검은 필요 없겠는데요.

만약 두 의사의 의견이 일치하지 않으면, 또 다른 의사가 스캔을 다시 확인해요.

재검해야 합니다.

AI가 이 과정을 단축할 수 있어요. 의사 두 명을 대신해서, 의사 한 명과 몇몇 AI 소프트웨어가 스캔을 하나하나 검사하는 거예요.

재검할까?

재검해야 합니다!

'미아'는 영국에서 실제로 쓰이는 AI 툴이에요. 유방암을 검사해요.

재검은 필요 없겠는데.

재검해요.

의사와 AI 소프트웨어가 서로 다른 의견을 내면 두 번째 의사가 와서 스캔을 살펴봐요.

재검은 안 해도 되겠어요.

의사들이 AI를 이용하면, 스캔을 보는 시간보다 환자들과 대화할 시간을 더 많이 가지게 돼요.

그리고 스캔을 더욱 빨리 검토해서, 필요할 경우 환자들이 더 빨리 치료받을 수 있지요.

몇 가지 검사를 더 하도록 하죠.

AI의 작동 원리

훈련
미아는 전 세계 검진 프로그램에서 받은 백만 개의 이미지로 훈련했어요.

데이터 레이블
모든 훈련 이미지에는 '재검'(질병 징후 있음) 또는 '재검 불필요'(질병 징후 없음)라는 레이블이 붙었어요.

재검
환자가 확실히 암으로 진단받은 경우에만 재검 레이블을 붙였어요.

재검 불필요
몇 년 뒤에도 *계속* 암이 발생하지 않은 환자들에게만 재검 불필요 레이블을 붙였어요.

학습
미아는 재검이 필요한 환자와 필요하지 않은 환자의 차이를 구분하는 방법을 학습해요.

미아는 검진을 참 잘해서, 사람 의사보다 최대 13% 더 많이 암을 찾아내요.

단백질 퍼즐 풀기

단백질은 우리 몸을 이루는 작은 물질 중 하나로, 세균을 죽이는 등 많은 일을 해요. 그런데 단백질이 일하려면, 단백질이 결합할 물질과 구조가 딱 맞아야만 해요. 과학자들은 이러한 단백질의 기능을 이해하기 위해 3차원 구조를 예측하려 했어요. 하지만 쉽지 않았지요.

단백질 종류는 2억 3,000만 가지가 넘어요. 색종이를 접어서 입체적인 작품을 만드는 것처럼, 단백질들은 평평한 기본 구조에서 이리저리 접혀 저마다 다른 3차원 구조를 이루어요.

1950년대부터 단백질의 기본 구조는 이미 밝혀져 있었어요. 하지만 3차원 구조를 알아내기는 훨씬 까다로웠어요. 시간과 비용이 많이 드는 실험을 수없이 많이 해야 했지요. 지금까지 알려진 단백질 중에 아주 일부분만 3차원 구조를 확인할 수 있었어요.

알파폴드 등장

19쪽에 나왔던 컴퓨터 프로그램 알파고를 기억하나요? 2016년에 바둑 경기에서 사람을 이겼지요. 알파고를 만들었던 회사에서 2020년에는 **알파폴드**라는 새로운 프로그램을 선보였어요. 알파폴드의 특별한 재주는 바로… 단백질 구조를 예측하는 거였어요.

알파폴드는 과학자들이 실험실에서 이미 알아낸 몇 안 되는 3차원 단백질 구조를 가지고 훈련받았어요. 종류를 가리지 않고 단백질의 기본 구조를 입력받은 다음, AI를 이용해 각 단백질이 어떻게 3차원 구조로 접힐지 예측했어요. 우리가 알고 있는 단백질 2억 3,000만 가지의 3차원 구조가 모두 예측되었고, 정확성은 90%가 넘는 것으로 보여요.

과학자들은 알파폴드를 이용해 다음과 같은 문제들이 해결되기를 바라요.

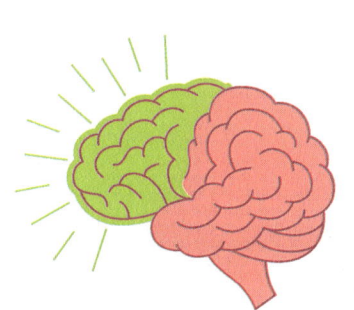

뇌의 단백질을 똑같이 만들어 내는 새로운 약을 개발해 조현병 같은 뇌질환 치료하기

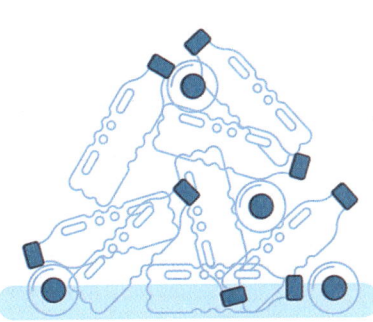

플라스틱 쓰레기를 분해해서 오염을 줄일 수 있는 단백질 개발하기

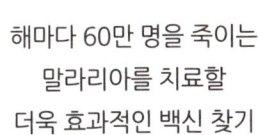

해마다 60만 명을 죽이는 말라리아를 치료할 더욱 효과적인 백신 찾기

* 말라리아는 모기가 퍼뜨리는 질병이에요.

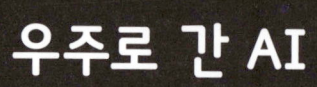

데이터, 데이터, 데이터

우리는 망원경과 인공위성과 우주 탐사를 통해 엄청난 양의 데이터를 얻어요.
AI는 이런 데이터를 처리해서 의미 있는 정보를 뽑아내는 데 쓰이곤 해요.

2009년에서 2018년 사이에 **케플러 우주 망원경**은 15만 개의 별에서 데이터를 수집했어요. 망원경은 어느 별에서 나오는 빛이 살짝 어두워지는 순간들을 발견했어요. 별 앞에 어떤 행성이 지나갈 때 그런 일이 생겨요.

과학자들은 인공 지능을 이용해 데이터를 살펴보았어요. 그러자 2,000개가 넘는 외계 행성들이 새로 발견되었어요.

외계 행성은 태양계 바깥에 있는 행성이에요.

제임스 웹 우주 망원경은 별에서 나온 빛이 외계 행성의 대기를 통과할 때 어떻게 변하는지 알아내려고 AI를 이용했어요.

2022년, 제임스 웹 우주 망원경은 행성 WASP-96b에서 물의 흔적을 찾아냈어요. 이 행성에 생명체가 존재할 수도 있다는 뜻이에요.

독립적인 탐사

화성 탐사 로버 **퍼시비어런스**는 화성에서 얻은 이미지와 데이터를 지구로 보내요. 퍼시비어런스는 AI를 이용해 어디로 갈지 혼자 결정하고 길을 찾아가요. 탐사 로봇은 반드시 독립적으로 행동할 수 있어야 해요. 지구에서 화성까지 신호가 가려면 너무 오래 걸려서 사람과 탐사 로봇이 계속해서 소통하기 어렵기 때문이에요.

화성에서 쉬고 있어요. 할 일은 하면서.

63

얼굴 인식

얼굴 인식 기술(FRT)은 이름 그대로의 일을 해요.
사진과 영상에서 사람들을 인식하고 신원을 확인하지요.

얼굴 인식은 세 단계를 거쳐요.

1. 컴퓨터가 얼굴을 얼굴로 인식해요.

2. 인식한 얼굴의 특징을 지도처럼 그려 내 **페이스프린트**라는 독특한 코드를 만들어요.

세부 정보로는 눈, 코, 입 사이의 거리처럼 변하지 않는 특징이 포함돼요.

3. 컴퓨터는 새로운 페이스프린트와…

…데이터베이스에 있는 페이스프린트를 비교해요.

실제로는 얼굴 인식이 *완벽하게* 되는 경우는 드물어요. 알고리즘은 얼굴이 일치하는 정도를 백분율(%)로 순위를 매겨 보여 줘요. 백분율이 높을수록 제대로 인식할 가능성이 더 커요.

AI 강화 얼굴 인식 기술

기본적인 얼굴 인식에는 AI를 사용하지 않아요. 하지만 AI 없이는 얼굴 인식 기술에 한계가 있어요. 아래에 예시로 나온 다섯 얼굴들을 보세요. 한 얼굴은 완전히 다른 사람이고, 나머지 얼굴들은 모두 같은 사람이에요. 단, 나이, 각도, 조명, 표정이 달라요

AI가 적용되기 전, 컴퓨터는 얼굴에 나타난 차이점을 보고 같은 사람인지 다른 사람인지 판단하기를 굉장히 어려워했어요.

오늘날, 대부분의 얼굴 인식 프로그램은 AI를 이용해요. 그래서 이제는 얼굴 인식이 98% 넘게 정확해졌어요. 사람보다도 훨씬 더 얼굴 인식을 잘하는 거예요.

얼굴 인식 기술은 어디에 쓸까요?

- 핸드폰이나 컴퓨터, 태블릿에 잠금 설정하기.
- 소셜 미디어 사이트에서 사진으로 사람들을 확인하기.
- 실종자를 찾기 위해 CCTV 판독하기.
- 보안 구역에 들어가기.

범인 잡기

얼굴 인식 기술이 사용되는 가장 중요하고도 논란이 많은 분야는 바로 범죄 수사일 거예요.
가장 간단한 예시로, 범죄를 저지른 사람을 추적할 때 다음과 같이 활용될 수 있어요.

사람에게 유죄 판결을 내릴 때 결코 얼굴 인식 기술만 이용하지는 않아요.
얼굴 인식 프로그램은 100% 정확하지는 않아서, 죄 없는 사람을 범죄자로 잘못 인식할 수도 있어요.
뿐만 아니라, 특정 부류에 속한 사람들의 얼굴을 인식할 때 특히 오류를 범하기도 해요.

얼굴 인식 오류

얼굴 인식 프로그램은 피부색이 어두운 사람일수록 피부색이 밝은 사람보다 잘못 식별할 가능성이 훨씬 더 커요. 특히 피부색이 어두운 젊은 여성을 잘못 식별하는 경우가 가장 많아요. 훈련 데이터에 피부색이 어두운 젊은 여성의 이미지가 충분하지 않기 때문이에요. 단순히 데이터가 다양하지 않아서예요.

조명이 약하면 사진이 또렷이 나오지 않아요. 그러면 사람 얼굴을 식별할 때 오류가 날 수 있어요.

완벽한 시스템?

얼굴 인식 기술이 100% 완벽하다 하더라도, 이 시스템을 이용하는 것은 여전히 문제가 많아요. 얼굴 인식 기술을 폭넓게 이용하면 사생활에 어떤 문제가 일어날 수 있는지 제3장에서 살펴봐요.

킬러 로봇

킬러 로봇, 또는 **자율형 살상 무기 시스템**은 누군가를 죽일지 말지를 스스로 결정할 수 있는 로봇이에요. 아직은 **폭넓게** 이용되지 않고, 대부분의 나라가 킬러 로봇을 사용하는지 아닌지 밝히지 않고 있어요.

킬러 로봇이 작동되는 곳은 물속과…

…육지와…

…하늘까지 모든 곳이에요.

킬러 로봇은 어떻게 작동될까요?

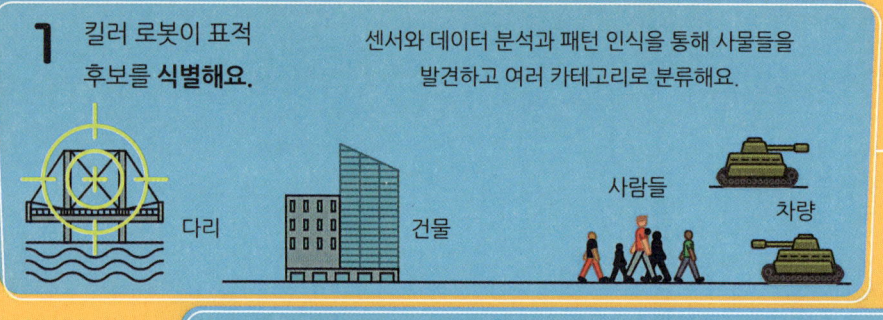

1 킬러 로봇이 표적 후보를 **식별해요.**

센서와 데이터 분석과 패턴 인식을 통해 사물들을 발견하고 여러 카테고리로 분류해요.

다리 건물 사람들 차량

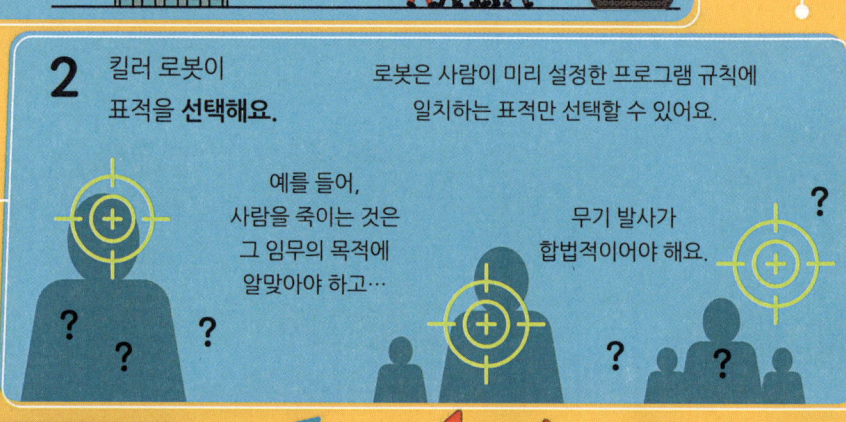

2 킬러 로봇이 표적을 **선택해요.**

로봇은 사람이 미리 설정한 프로그램 규칙에 일치하는 표적만 선택할 수 있어요.

예를 들어, 사람을 죽이는 것은 그 임무의 목적에 알맞아야 하고…

무기 발사가 합법적이어야 해요.

3 킬러 로봇이 살상 무기를 **발사해요.**

킬러 로봇이 아닌 로봇

많은 군대에서 아래와 같은 두 유형의 로봇들을 이미 사용하고 있어요.
하지만 아래 로봇들은 *킬러* 로봇은 아니에요.

드론 같은 **무인 조종 전투기**는 교전 지역을 혼자 날아 다닐 수 있어요.

하지만 여전히 사람이 군사 기지에서 무인 조종 전투기를 조종하며 언제 무기를 쏠지 결정하지요.

표적 파괴.

또 다른 무인 군사 기기로, 감시에 사용되는 **자율 주행 드론**이 있어요.
이 드론은 AI를 이용해 어디로 이동할지 스스로 결정하지요.
하지만 무기를 갖추고 있지 않기 때문에 킬러 로봇은 아니에요.

적군 건물에 들어옴.
사진 찍을 준비 중.

킬러 로봇을 통제하지 못하게 되면 어떡하지?

나를 겁낼 필요는 없어요.
나는 그저 똑똑한 스피커니까요.

킬러 로봇을 금지해야 할까요?

킬러 로봇은 논란이 많아요. 많은 AI 연구원과 일부 국가가 킬러 로봇 금지를 요청하고 있어요. 하지만 킬러 로봇 사용에 찬성하는 의견도 있어요. 다음과 같은 논쟁이 일고 있지요.

킬러 로봇은 합법화되어야 한다

위이이이잉
위이이이잉

킬러 로봇은 금지되어야 한다

킬러 로봇이 실수를 저지른다면 누구 탓이 될까요? AI 코딩을 한 사람? 로봇을 사용한 군대? 킬러 로봇 사용을 합법화한 국가? 너무 복잡한 문제예요.

전쟁 중에는 끊임없이 복잡한 상황이 벌어져요. 군인은 언제 무기를 발사해야 할지 미묘한 차이를 고려해서 결정을 내립니다. 로봇이 매번 제대로 결정을 내릴 수 있게 코딩이 가능하겠습니까?

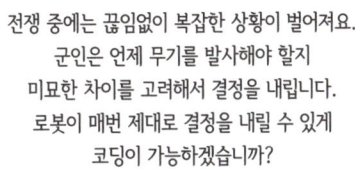

킬러 로봇이 있어서 군인들이 죽을 위험이 줄어든다면, 킬러 로봇을 가진 나라들은 더 쉽게 전쟁을 일으킬 거예요.

어떤 컴퓨터 코드든지 잘못되거나 해킹당할 수 있어요. 킬러 로봇이 절대 우리를 해치지 않을 거라는 보장은 할 수 없다고 생각해요.

여러분이 이 문제를 담당하고 있다면 어떻게 하겠어요? 신뢰할 수 있는 킬러 로봇 프로그램을 *만들 수 있다* 할지라도, 삶 또는 죽음에 관한 결정은 *반드시* 인간이 내려야 한다고 생각하는 사람들이 많아요.

제3장
세상을 바꾸는 AI

AI가 *없는* 삶은 이미 상상하기 힘들어지고 있어요.
하지만 다른 새로운 기술들과 마찬가지로,
AI도 *새로운* 문제를 일으킬 수 있어요.

AI는 에너지를 어마어마하게 많이 소비해요.
그리고 사람들에게 개인 정보를 공유하도록 요구해요.
AI는 우리가 예술 작품을 만들고 즐기는 방식,
가질 만한 직업, 친구를 사귀는 방법을 바꾸고 있어요.
심지어 법과 도덕, 교육 시스템까지 변하고 있어요.

더 큰 위험을 방지하면서
AI의 혜택을 누리는 게 가능할까요?
정부는 이 문제를 어떻게 해결할 수 있을까요?

개인 정보

개인 맞춤형 쇼핑 추천, 범죄 예측과 범죄자 추적 등
AI의 가장 뛰어난 기술 중 어떤 것들은 *엄청나게 많은* 데이터를 필요로 해요.
그런데 그 데이터는 대체 어디에서 왔을까요?
전 세계 어디에서든, 거의 하루도 빠짐없이
우리의 개인 정보가 네트워크에 공유되고 있어요.

이렇게 수집된 모든 데이터는 AI 프로그램이 참조할 수 있는 거대한 데이터베이스에 저장돼요.
AI는 데이터를 살펴보고 그 안에서 일정한 패턴을 읽어 내요.
사실, 데이터가 너무나 방대해서 이제는 *AI 없이는* 관리할 수도 없어요.

동의를 구하거나… 몰래 가져가요

몇몇 AI 개발 회사들은 자신들의 웹사이트에서 여러분의 동의를 구한 다음에 여러분의 데이터를 수집해요. 또 어떤 회사들은 여러분의 데이터를 수집하는 회사로부터 데이터를 사들여요. 이 경우에는 여러분에게 데이터를 사용한다는 동의를 받을 필요가 없지요.

그런데 어떤 회사들은 인터넷에서 데이터를 그냥 '긁어' 모아요. 주로 '봇'이라고 하는 자동 처리 프로그램을 사용하지요. 봇은 비밀번호 없이 접속할 수 있는 모든 웹사이트를 살살이 훑어 데이터를 가져가요. 여러분은 그런 일이 벌어지고 있는 줄도 모를 거예요.

쉿, 그건 사생활이에요

여러분은 자신의 데이터가 허락 없이 사용되어도 괜찮나요?

난 괜찮아. 어쨌든 AI를 훈련하고 성능을 향상시키는 데 쓰이는 거잖아? 그건 좋은 일 아니야?

그건 그래. 하지만 네가 싫어하는 일에 네 데이터가 쓰이면 어떡해?

예를 들어, 이렇게 사용되면 어떨까요?

AI는 여러분이 소셜 미디어나 쇼핑 사이트를 이용한 내용을 추적하고…

…여러분에게 별로 필요하지도 않은 물건들을 팔려고 짜증 나는 광고를 마구 내보낼 수 있어요.

울트라 미백 치약
지금 할인 중

받은 편지함
즉시 구입하세요
울트라 미백 치약

새로운 메시지
지금 바로, 이를 새하얗게!

또는 이런 경우가 생길 수 있어요.

여러분의 소셜 미디어에 올린 프로필 사진이 복사되어서 얼굴 인식 데이터베이스에 저장되면…

새로운 프로필 사진
업로드

…여러분이 어디서든 방범 카메라 앞을 지날 때마다 식별되고 추적돼요.

아이작 버드
2008년 12월 3일생
사는 곳: 런던
버스로 이동
피자 좋아함
춤 싫어함

그래, 광고는 늘 따라다녀서 정말 귀찮아. 그런데 카메라가 나를 좀 따라다니는 게 어때서?

내 생각은 달라! 진짜 오싹해. 내 개인 정보로 이루어지는 일들은 내가 통제하고 싶어.

개인 정보 보호하기

우리가 동의하지 않으면 다른 사람이 내 개인 정보를 사용하지 못하게 하는 법이 나왔어요.
동의 없이 개인 정보를 사용한 사람은 고발당하고, 벌금을 물고, 심지어 감옥에 갈 수도 있어요.

후유, 그러면 법이 우리를 완벽하게 보호해 주는 거네?

음, 그러면 좋겠지. 하지만 때때로 사람들은 법을 *어기기도* 하잖아. 네 데이터가 완전히 안전하진 않을 거야.

그러면 아무도 이용하지 못하게 인터넷에서 내 정보를 모조리 지워 버리면 문제가 해결될까?

시도해 볼 수는 있겠지만, 네가 어떤 정보를 어디에 올렸는지 기억한다고 해도 모두 지워 버리는 건 불가능할 거야. 누군가가 그 정보를 복사해서 다른 곳에 올렸다면, 여전히 남아 있는 거니까.

좋아, 그러면 소셜 미디어에 들어가지 않으면 돼?

글쎄, 어느 정도 도움이 될지도 몰라. 하지만 다른 사람이 소셜 미디어에 너에 대한 무언가를 올릴 수도 있어. 그리고 잊지 마. 네가 온라인에 접속할 때 네 개인 정보는 소셜 미디어에서만 새어 나가는 게 아니야.

신원 도용

개인 정보를 수집하면서 생기는 큰 문제가 또 있어요. 바로 **신원 도용**이에요. 범죄자가 다른 사람의 신상을 훔쳐 쓰는 것을 뜻해요. 예를 들면, 훔친 개인 정보로 은행 계좌를 만들거나 소셜 미디어 계정을 만들 수 있지요.

신원 도용은 AI가 직접적으로 일으킨 문제는 아니에요. 하지만 AI가 없었다면, 우리의 데이터가 디지털 데이터베이스에 수집되고 저장되는 일도 없었을 거예요. 우리가 위험에 처하지도 않았겠지요.

사람들이 개인 정보를 훔치는 게 *내* 잘못은 아니에요. 나는 여러분의 개인 정보를 여러분의 삶을 더 낫게 만드는 데 쓰고 있다고요. 진짜예요.

AI와 예술

AI는 한때는 사람만이 할 수 있는 일이라고 여겨지던
그림이나 시, 음악 등 창작 활동을 점점 더 훌륭하게 해내고 있어요.
예술의 진정한 본질에 관해 많은 논쟁이 일어나고 있지요.

자, 여러분. 이것은 미술관에서 가장 최근에 들여와 가장 인기를 끈 작품입니다. 다들 이 그림을 보고 어떤 느낌이 드는지 궁금하군요.

엄청난 노력을 기울인 작품 같아요. 분명 그림을 완성하기까지 꽤 오랜 시간이 걸렸을 거예요. 화가가 수년 동안 실력을 키운 것 같아요. 굉장해요.

저 화가는 천재야. 상상력도 뛰어나고 창의적이야!

그런데 무엇을 나타낸 걸까요? 화가는 우리가 사람으로 둘러싸여 있을 때조차 외로움을 느낀다는, 심오한 뭔가를 말하고 있는 것 같아요.

무슨 뜻이 담겨 있는지 잘 모르겠지만, 그림은 마음에 들어.

뭔가 생각하게 하는 그림이야. 화가가 누구지?

아! 아마… 으, 화가 이름이 기억나지 않네. 하지만 어쨌든 내가 본 그 화가의 작품 중에서 최고야.

웬 호들갑이람? 그냥 이상한 고양이들이 나온 적당히 괜찮은 그림이잖아.

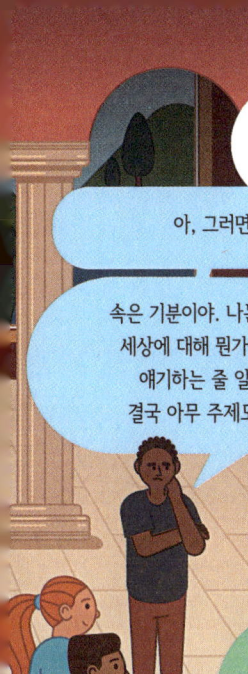

사실, 이 그림은 AI 프로그램인 '달리'가 만들었어요.

아, 그러면 별 의미가 없네요.

속은 기분이야. 나는 이 그림이 세상에 대해 뭔가 심오한 걸 얘기하는 줄 알았는데. 결국 아무 주제도 없잖아.

멋진 그림이네!

자세히 보니까 알겠어. 이 그림에는 내가 생각했던 *진짜* 작가의 천재성이 안 보여.

우아. 그래도 나한테는 환상적으로 보이는걸. 여전히 생각할 거리도 생기고. AI 예술 작품이 생각보다 괜찮은 것 같아.

그렇구나. 나쁘진 않은데, *훌륭하지는* 않아. 자기만의 창의성이나 감정이나 경험이 없이 그린 게 *어떻게* 훌륭할 수 있겠어? 그런 *것*이야말로 예술을 가치있게 만드는 건데.

흠. 예술에 대한 우리의 사고방식을 바꿔야 할지도 모르겠어. 예술을 위대하게 만든다고 생각했던 것들이 사실은 예술과는 별 상관이 없다는 걸 지금 알았어! 이 AI 그림은 정말 멋지다.

정말 걱정돼. AI가 이 정도로 작품을 생산해 내면, 사람들이 노력해 봤자 무슨 소용이야?

창작은 인간의 본성이라고 생각해. 예술은 우리 자신을 표현하고 다른 사람과 소통하는 중요한 수단이야. AI 때문에 우리가 예술을 못 하는 일은 없을 거야.

관점 바꾸기

사람들은 아직도 AI 예술을 어떻게 받아들여야 할지 고민하고 있어요. 어떤 사람들에게는 분명 당혹스럽고 의구심이 드는 일이에요. 여러분은 어떻게 생각하나요? 저 고양이 그림을 AI가 그렸다는 사실을 알고 나니 그림에 대한 생각이 달라지나요?

창의성의 미래

AI에게 그림이나 시, 음악을 만들어 달라고 하는 게 재미있을 수 있어요.
진지하게 생각할 거리를 얻을 수도 있고요. 하지만 부작용도 생길 거예요.
음악을 예로 들어 볼게요.

음악이 참 좋네요!

영화가 끝나고 크레디트에 나오는 작곡가가 바로 나예요. 정말 뿌듯해요.

다음 영화에 이 사람을 섭외해야겠어.

아, 이런! 음악에 쓸 예산이 깎였어요. 작곡가를 고용할 수 없겠네요.

새로 나온 AI 툴을 보셨어요? 음악 샘플을 넣으면 비슷한 스타일로 새로운 곡을 작곡해 줘요.

일 년 뒤

잠깐! 저 곡은 내가 만든 곡이랑 너무 비슷한데.

딴-따단-딴-따 따다다단!!!

꼭 사용료를 청구하세요!

저희는 당신에게 돈을 낼 필요가 없어요. 불법적인 일은 아무것도 하지 않았는걸요.

너무 불공평해요. 어떻게 저게 합법일 수가 있어요? 저 작곡가는 사용료는커녕 엔딩 크레디트에 이름을 올리지도 못했잖아요.

적어도 작곡가의 음악 샘플을 써도 되는지 허락을 구했어야죠.

법이 새로운 기술을 아직 따라가지 못해서 그래. 게다가 이런 일을 막는 법을 만들기도 어려울 거야.

이미 AI 프로그램에 어마어마하게 많은 음악이 학습되었어요.
몇몇 작곡가들은 피해를 받았다고 생각해서 저작권료를 받으려 애쓰고 있지요.
하지만 어느 음악이 어디서 쓰였는지 입증하기가 어려워요.

사람이냐, 이익이냐

만약 사람들이 AI가 만든 *꽤 괜찮은* 음악, 그림, 소설 등을 훨씬 싼 값에 즐길 수 있다면, 과연 사람이 만든 작품에 돈을 낼까요? 예술 분야에서 일하는 사람들은 일자리를 잃을지도 몰라요. 또한, 사람들이 애초에 이런 예술 분야에서 일할 의욕을 잃을지도 몰라요.

비슷비슷한 결과물

생성형 AI가 곧바로 작품을 만들어 낼 수 있는 것은 관련된 자료를 이미 가지고 있기 때문이에요. 이미 존재하는 자료를 있는 *그대로* 베끼지 않더라도, 자료들의 **요소**를 포함하지요. AI가 완전히 새로운 것을 만들어낼 수 있을까요?

하지만 생성형 AI를 무척 유용하게 여기는 화가나 음악가들도 있어요. 이들은 그저 아이디어를 얻거나, 자기 생각을 발전시키는 수단으로만 AI를 활용해요. AI가 인간의 창작 활동을 방해하는 게 아니라, AI의 도움으로 더 많은 사람이 비싼 장비 없이도 그림이나 음악을 만들 수 있게 될지도 몰라요.

딥페이크

위 상황은 **딥페이크**의 한 예시예요. 딥페이크란, AI로 이미지나 영상이나 오디오 클립을 그럴듯하게 만들어 내는 거예요. 딥페이크 속에 등장하는 사람과 사건은 마치 실제처럼 보이지만, 사실은 만들어진 '가짜'예요.

아마 여러분은 이미 딥페이크를 수없이 많이 봤을 거예요. 어떤 것들은 아주 생생해도 가짜라는 걸 금방 알 수 있지만, 어떤 것들은 진짜처럼 그럴듯해서 알아차리기 어려워요. 어떤 사람들은 딥페이크를 재미 삼아 만들지만, 나쁜 의도로 만들기도 하지요.

속임수 간파하기

사람들은 오래전부터 사진과 영상을 조작해 왔어요. *AI로 만든* 딥페이크가 사람이 만든 것과 다른 점은 AI가 정말로 *실제처럼* 만들어 낸다는 거예요. 만약 적절한 AI를 이용한다면, 결과물을 조작하기가 쉬울 거예요.

그러면 어떤 것이 딥페이크인지 아닌지 어떻게 구분할 수 있을까요? 자세히 들여다보면, 어색하고 수상한 부분이 눈에 띄기도 해요.

> 저것 봐, 저 사람 오른손에 손가락이 여섯 개야. 그리고 왼쪽 귀는 이상하게 뭉개져 보여.

> 입 모양을 보면 말하는 소리랑 맞지 않아.

> 맞아, 그리고 눈을 너무 자주 깜박거려.

> 고양이 영상은 그만!

> 하지만 명확히 구분되지 않는 딥페이크 영상이 많아요. AI가 딥페이크를 점점 더 잘 만들수록, 딥페이크를 발견하기가 훨씬 어려워지겠죠?

> 안타깝게도, 맞아요. 그런데 재미있게도 사람들은 AI가 생성한 딥페이크를 식별해 줄 *딥페이크 감별 AI*에 관심을 돌리고 있어요.

보이는 걸 전부 믿을 수는 없어요

효과적인 딥페이크 감별 AI를 개발하기 위해 *많은* 연구가 진행되고 있어요. 하지만 감별 기술이 개발되면 AI 개발자들은 곧장 감별 기술을 속이는 방법을 찾아 내요.

거짓말은 새삼스럽지 않아요. AI는 거짓말이 더 진짜처럼 느껴지게 꾸며 줄 뿐이에요. 중요한 건, 아무리 그럴듯해 보여도 눈에 보이는 걸 전부 믿어서는 안 된다는 거예요. 터무니없게 느껴진다면, 사실이 아닐 가능성이 아주 높아요.

반향실

온라인에 접속해 있을 때, 모든 사람이 항상 여러분과 같은 의견이라고 느낀 적이 있나요?
만약 그렇다면, 여러분은 **반향실**에 있을지도 몰라요.
반향실에서는 똑같은 관점, 똑같은 정보, 똑같은 의견만 반복해서 듣게 돼요.

당신 말이 맞아요!
우리가 옳아요!
당신이 옳아요!
우리가 옳아요!
내가 옳아요!
저들이 틀렸어요!
당신
저들이 틀렸어요!
우리가 옳아요!
당신 말이 맞아요!
우리 모두가 옳아요!
저들이 모두 틀렸어요!

똑같은 생각을 반복하면 그 생각은 사람들 마음속에서 강화돼요.

의심받지 않는 믿음은 더욱 더 강해지지요.

그게 나쁜 거예요? 그다지 *나쁘게* 들리지는 않는데요? 솔직히 말하면, 꽤 마음이 편하게 느껴져요.

만약 거짓되거나 미움과 혐오가 가득한 생각이 강화된다면 분명히 문제가 돼요.
어떤 사람들은 온라인의 반향실에서 너무 많은 시간을 보낸 탓에
끔찍한 일을 저지르기도 해요.

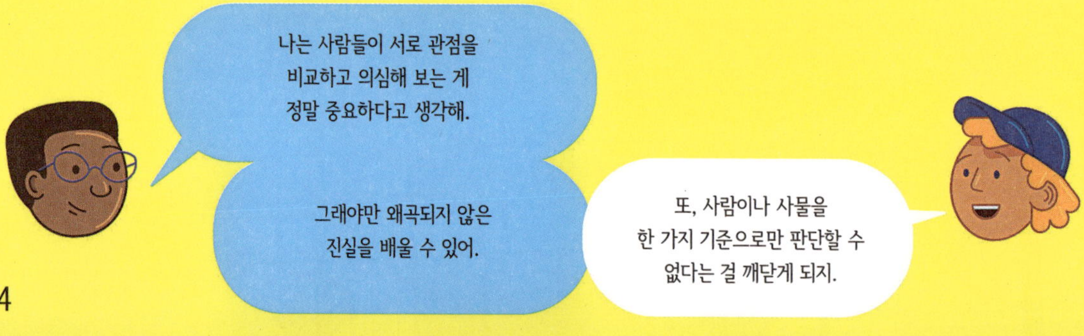

나는 사람들이 서로 관점을 비교하고 의심해 보는 게 정말 중요하다고 생각해.

그래야만 왜곡되지 않은 진실을 배울 수 있어.

또, 사람이나 사물을 한 가지 기준으로만 판단할 수 없다는 걸 깨닫게 되지.

판박이들

AI는 어떻게 반향실을 만들까요? 여러분이 온라인에 접속해 있을 때마다 AI 알고리즘은 여러분이 본 것과 온라인 접속 내역이 비슷한 다른 사람들이 본 것을 바탕으로 개인 맞춤형 추천을 해요.

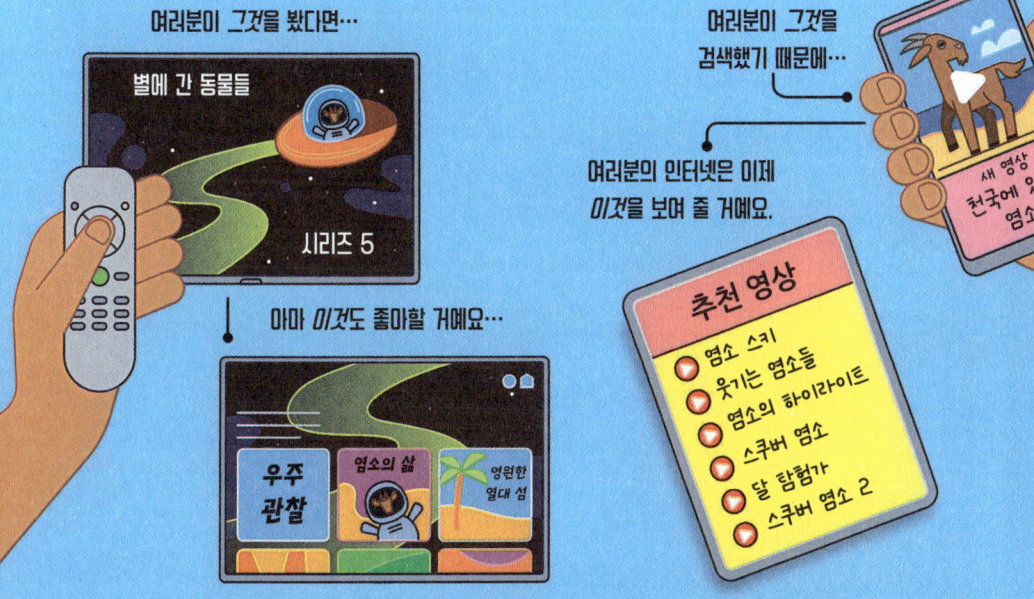

단, AI 알고리즘은 단순히 여러분이 이미 본 것과 비슷한 걸 보내지는 않아요. 전혀 *다른* 것을 보내지도 *않고요*. AI는 여러분 주위에 **필터 버블**을 만들어요. 필터 버블은 다른 관점과 다른 정보가 여러분에게 전해지지 않게 막아요. 여러분은 자칫 여러분이 접하는 것이 전부라는 착각에 빠질 수 있어요. 그러면 애초에 여러분이 반향실에 있다는 사실조차 깨닫기 어려워지지요.

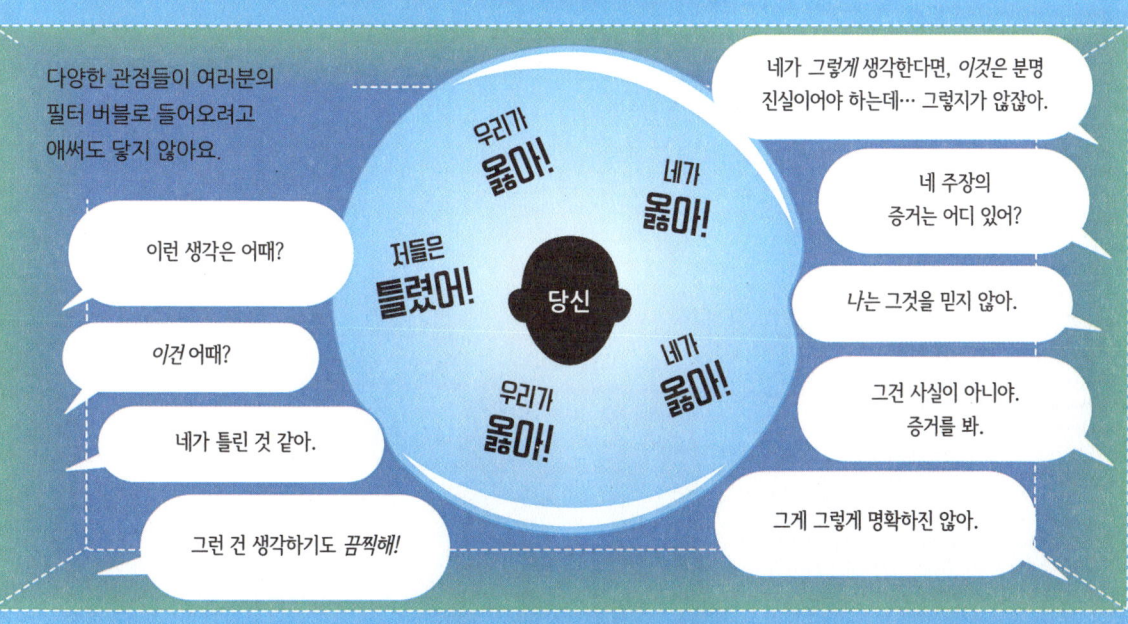

학교에 간 AI

AI는 선생님이 가르치는 방식과 학생이 배우는 방식을 어떻게 바꿀 수 있을까요?
AI가 수업에 어떻게 적용될지 상상해 봐요.

> 나는 AI를 이용해서 우리 반 학생에게 흥미로운 개인 맞춤형 학습 자료와 퀴즈를 만들어 주었어요.

> 나는 SF 영화를 주제로 만든 만화 영상으로 수학을 배우고 있어요.

> 나는 온라인 빙고 게임으로 수학을 배우고 있어요.

> AI를 이용하니 학생들에게 필요할 때마다 일대일로 도움을 줄 시간이 더 많아졌어요.

몇 십 년 전, 계산기가 발명되자 학생들의 수학 공부 방식이 달라졌어요.
지금은 챗GPT 같은 AI 툴이 생겨서 학생들이 학습하고 숙제하는 방식이 변하고 있지요.

> 나는 학생들이 시험 볼 때 AI 툴을 이용하지 못하게 해요. 과목별로 아이들의 강점을 잘 알아보기 위해서예요.

> 나는 학교에서 AI를 과목으로 가르쳐요. AI 사용의 이로운 점과 위험한 점을 모두 알려 줘요.

> 하지만 AI를 사용하지 않으면 해결하기 어려운 과제도 내요. 학생들이 AI를 잘 다룰 수 있게 연습시키는 거죠.

> 나는 학생들에게 챗봇과 이미지 생성기로 가장 좋은 결과물을 이끌어내는 방법을 가르쳐요. 하지만 AI가 생성한 것은 무엇이든지 철저히 검토하도록, 비판적인 사고 방식을 함께 가르치지요.

의식을 넓히는 시각 자료

미래에 AI 기술이 향상되면, 수업에 사용하는 다른 기술들도 더 개선될 거예요.
예를 들어, 실제 환경에 가상의 사물이나 환경을 덧입혀서 보여 주는
증강 현실(AR) 기술이 이렇게 쓰일 수 있어요.

> 증강 현실 헤드셋을 쓰면, 역사 속 유물이나 인물, 멸종된 동물을 바로 눈앞에서 볼 수 있을 거예요.

> 학생들은 저마다 헤드셋을 통해 개인 맞춤형 가상 비서의 도움을 받으면서 자신에게 맞는 속도로 학습할 수 있어요.

> AI 기술이 증강 현실 이미지를 실제 환경에 자연스럽게 덧씌우고, 실시간으로 움직이게 할 거예요.

> 스테고사우루스의 꼬리에는 두 쌍의 골침이 있으니 조심해요!

> 증강 현실의 스테고사우루스는 우리 모두 함께 볼 수 있어요. 하지만 맞춤형 가상 비서는 헤드셋 속에서 나에게만 보이고 들릴거예요.

이런 기술들이 있는데도 사람 선생님이 계속 있어야 할까요? 그럼요, 있어야 하고 말고요.
선생님과 학생 사이의 유대는 학생들에게 꼭 필요해요.

| 선생님은 학생들에게 호기심과 창의성을 북돋워 주어요. | 공감과 소통과 팀워크를 가르쳐요. | 학생들에게 동기를 부여하고 학생의 잘못된 행동을 바로잡아 줘요. |
|---|---|---|//

AI가 일자리를 빼앗아 갈까요?

결론부터 말하자면, 그럴 거예요. 일의 성격에 따라
AI로 대체될 위험이 더 큰 직업들이 있어요.

위태로운 직업

늘 똑같고 예상하기 쉬운 일을 하는
직업이라면, 컴퓨터나 로봇이 사람보다
더 빠르고 정확하게 해낼 거예요.

나는 대출 신청서를 확인해요.
신청서를 보면서 대출금을
갚지 못할 고객을 나타내는
경고 표시를 찾아요.

신용 등급 조사원

나는 자동차를 조립해요.
자동차마다 부품들을
정해진 자리에 끼워 넣어요.

조립 생산 노동자

나는 안경사와 고객 간의
약속 시간을 조율해요.

일정 관리 매니저

나는 회사가 지출한 돈이나
수입을 기록한 다음, 은행 계좌의
입출금 내역을 대조해서
확인해요.

회계 장부 담당자

덜 위태로운 직업

변화를 주고, 상호 작용을 하고, 공감하거나
신체적으로 뛰어난 능력을 발휘해야 하는
일들은 여전히 사람이 더 잘해요.

나는 날마다 학생들에게
필요한 지식을 채워 주고,
학생들이 이해하기 쉽도록
수업 방식에 변화를 줘요.

선생님

배선 방식은 집마다 모두 달라요.
나는 항상 손을 사용하고,
좁은 공간을 비집고
들어갈 때도 많아요.

전기 기사

나는 여러 회사와 일해요.
여러 사람들이 함께 일할 때
생겨나는 많은 문제를
해결해 줘요.

**인적 자원
컨설턴트**
(전문 상담원)

나는 환자들의 건강 관리를
도와주고, 수술도 해요.
사람마다 신체는 모두 달라서,
수술 하나하나가
독특하고 어려워요.

외과 의사

하지만 단순하게 따질 수 있는 문제는 아니에요. 대부분 한 직업에는 다양한 업무가 포함되어 있고, 그중에 반복적인 일이 많이 섞여 있어요. 그래서 여러 업무 가운데 특정 부분을 AI가 대신하면서, 많은 사람이 자신의 직업이 AI 때문에 변하고 있다고 느껴요. 다음과 같은 예시를 살펴봐요.

AI 시스템은 사람이 복잡한 일들을 처리하는 방식도 데이터를 통해 꾸준히 훈련할 수 있어요. 다시 말해, 한 직업에 딸린 여러 업무 중 AI가 차지하는 일이 금세 늘어나기 시작할 거예요.

미래에는 AI와 로봇의 기술이 엄청나게 향상될 거예요. 신체적 능력 면에서든, 다양한 문제에 유연하고 세심히 대응하는 능력 면에서든요. 그러면 AI가 더욱 많은 일을 하게 되겠지요.

유령 노동

한때 사람이 했던 일을 컴퓨터가 맡는 것을 **자동화**라고 해요. 하지만 자동으로 처리되는 듯이 *보이*는 일도 보이지 않는 곳에서는 수천 명의 사람이 일하곤 해요. 이런 **유령 노동**은 AI 툴이 순조롭게 작동되게 하지만, 지루하고 보수가 낮아요.

보이는 화면 :

이미지 인식

검색 엔진

보이지 않는 이면 :

수천 명의 유령 노동자들이 수백만 개의 이미지에 레이블을 붙이고 있어요.

검색 엔진 성능을 높이기 위해, 검색 엔진들이 얼마나 잘 돌아가는지 사람 노동자가 테스트하고 평가해요.

화면마다 강아지에 모두 강조 표시를 해야 해요.

유령 노동자

만약 온라인에서 이런 일을 요청받으면, 여러분도 유령 노동자가 되는 거예요. 보수는 못 받고요!

이것은 **사람의 피드백을 통한 강화 학습**의 한 예시예요.

이 두 가지 경우는 **지도 학습**의 예시예요.

위쪽만 보면 AI는 *무엇이든* 할 수 있는 듯이 보이죠? 이런 환상이 깨지지 않기를 바란다면 아래쪽은 보지 마세요.

소셜 미디어 피드에 나오는 재미있는 영상

추천 영상 : 월드컵 노래

특정 대상을 표적으로 한 맞춤 광고

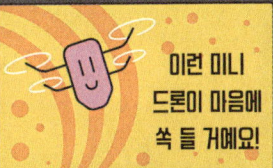

이런 미니 드론이 마음에 쏙 들 거예요!

AI는 사람이 돕지 않아도 *재미있는* 영상을 찾아내요. 하지만 여러분이 끔찍한 영상을 보지 못하게 하려면, 사람 노동자가 불쾌한 영상들을 계속해서 걸러 내야 해요.

AI는 여러분이 본 영상 내역 등 온라인 개인 정보를 이용해서 여러분을 겨냥한 광고를 내보내요.

사람은 이런 데이터를 컴퓨터가 이해할 수 있는 포맷으로 바꾸는 데 많은 시간을 쏟아요.

윽, 끔찍하게 폭력적인 영상이 또 있네. 오늘 이런 영상을 너무 많이 봐서 기분이 안 좋아.

나는 데이터 조각들을 스프레드시트에 열에 맞춰 배치하고 있어요. 오늘 700개를 작업했어요.

직업의 미래

인공 지능에 일자리를 뺏긴 사람들은 어떻게 될까요?

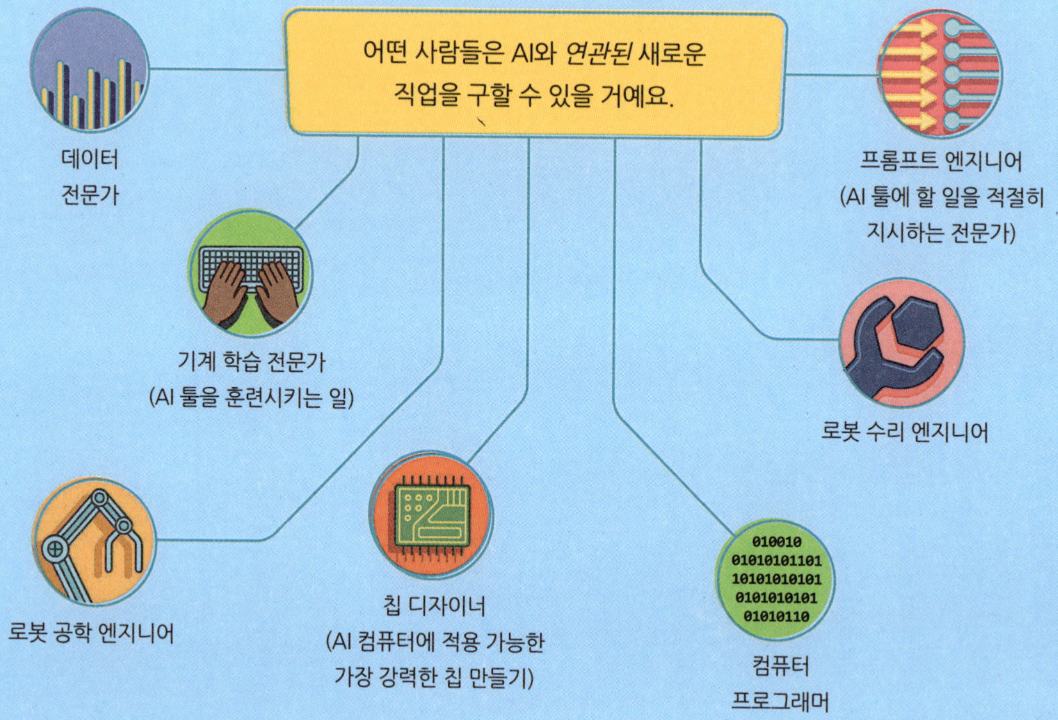

어떤 사람들은 AI와 *연관된* 새로운 직업을 구할 수 있을 거예요.

데이터 전문가

기계 학습 전문가
(AI 툴을 훈련시키는 일)

로봇 공학 엔지니어

칩 디자이너
(AI 컴퓨터에 적용 가능한 가장 강력한 칩 만들기)

프롬프트 엔지니어
(AI 툴에 할 일을 적절히 지시하는 전문가)

로봇 수리 엔지니어

컴퓨터 프로그래머

하지만 *모든* 사람이 이런 새로운 일을 할 수 있는 건 아니에요. 새 일자리들이 충분하지 않을 수도 있고요. 사람들이 적절한 기술을 갖추고 있지 않거나, 돈이 부족해서 새 직업 훈련을 받지 못할 수도 있어요. 다시 말해, 미래에는 많은 사람이 일자리를 얻지 못할지도 몰라요.
그 사람들은 어떻게 해야 할까요?

로봇이 내 일자리를 빼앗았다

사람은 일자리가 필요하다

실업자는 화났다

직업은 사람들마다 필요한 욕구를 충족시켜 줘요.

만약 AI가 일자리를 대부분 차지한다면, 사람들은 이런 욕구들을 어떻게 충족시킬까요?
몇몇 경제 전문가들은 정부가 모든 국민에게 **보편적 기본 소득**을 주어야 한다고 생각해요.
직업이 있든지 없든지 먹고살 수 있는 돈을 주어야 한다는 얘기지요.

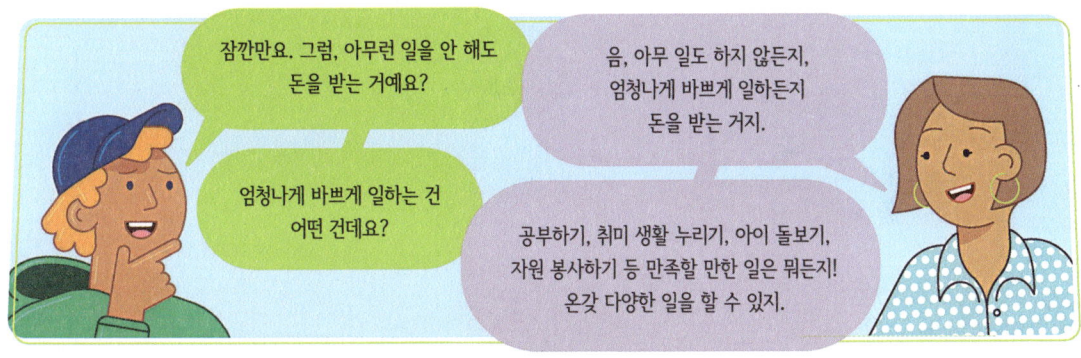

현재 대부분의 성인이 돈을 벌기 위해 하루 중 많은 시간을 일해요.
만약 돈을 벌기 위해 일할 필요가 없다면, 경제 시스템과 삶의 방식이 엄청나게 달라질 거예요.

새로운 기술이 등장할 때마다 사회가 크게 달라진다는 걸 명심해요.

범죄 예측하기

경찰은 주로 범죄가 일어난 이후에 대응해요. 하지만 몇몇 경찰들은 새로운 일을 시도하고 있어요. 바로 AI를 이용해서 언제 어디서 범죄가 *일어날지* 예측하는 거예요. 예측은 다음과 같은 방법으로 진행될 거예요.

최근 범죄자가 체포된 사건에 관한 데이터가 AI 시스템에 공급돼요. 다음과 같은 내용이 포함돼요.

훌륭하게 들리겠지만…

AI 시스템은 아무리 훌륭해도, 공급된 데이터를 넘어설 수는 없어요.
그리고 범죄에 관한 데이터를 학습할 때는 문제가 있을 수 있어요.
많은 나라에서 경찰들이 특정 인종 집단을 표적 삼을 가능성이 크기 때문이에요.

한쪽으로 치우친 데이터를 AI에 그대로 반영하면, 알고리즘은 특정 인종 집단이 사는 곳을 범죄 의심 지역으로 더 자주 예측할 수 있어요. 그러면 더 많은 경찰이 그 지역으로 출동하겠지요. 결국, 특정 집단에 속한 사람들이 더 많이 체포되고, AI에 반영된 데이터는 갈수록 더 편견으로 치우치게 돼요.

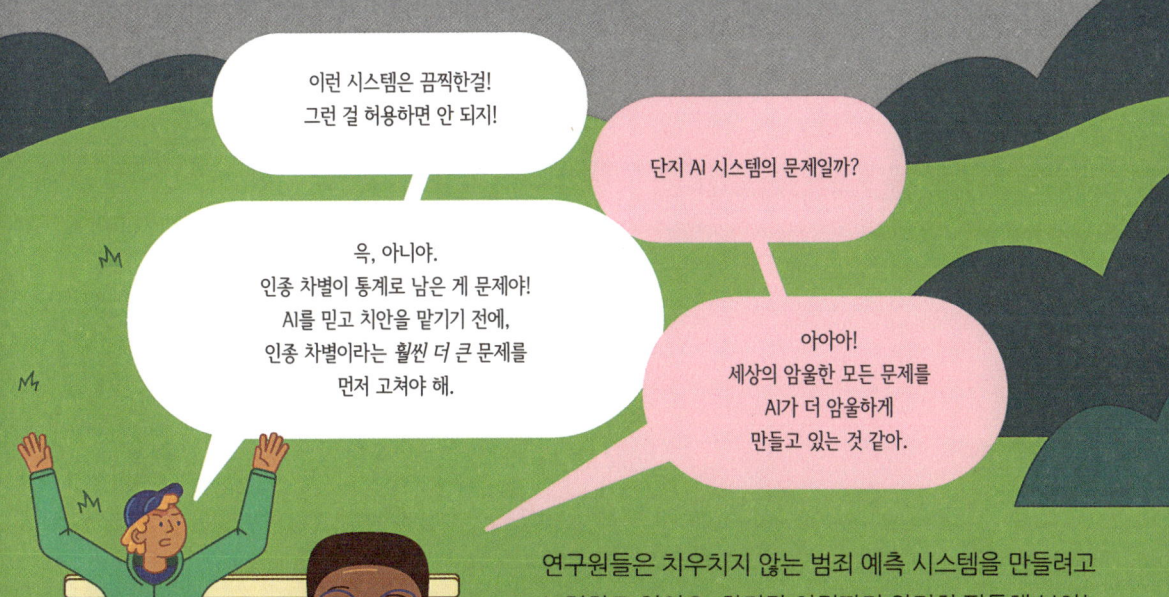

연구원들은 치우치지 않는 범죄 예측 시스템을 만들려고 노력하고 있어요. 하지만 아직까지 완전히 평등해 보이는 툴은 없어요. 평등한 시스템이 구축되기 전까지는 그런 시스템을 전혀 사용해서는 안 된다고 생각하는 사람들이 많아요.

AI 돌봄 로봇

AI 로봇은 돌봄 역할을 할 수 있도록 개발되고 있어요.
몸을 움직이는 걸 돕고, 친구처럼 말동무가 되어 주기도 해요.

돌봄 로봇은 다음과 같은 일을 할 수 있어요.

이 장면은 지어낸 거예요. 하지만 이와 비슷한 로봇들은 이미 존재해요.
몇몇 부유한 나라들에서는 노인 돌봄 문제를 로봇에게 맡기려고 해요.
사람들이 도우미 일을 별로 하고 싶어 하지 않기 때문이에요.

돌봄 로봇을 이용하는 게 합리적으로 보일 수 있지만 문제점도 있어요.
가장 번거로운 점은, 로봇들을 꾸준히 관리해야 한다는 거예요.
인간 도우미들이 사람을 돌보는 시간보다 돌봄 로봇을 관리하는 시간을
더 많이 쓸지도 몰라요.

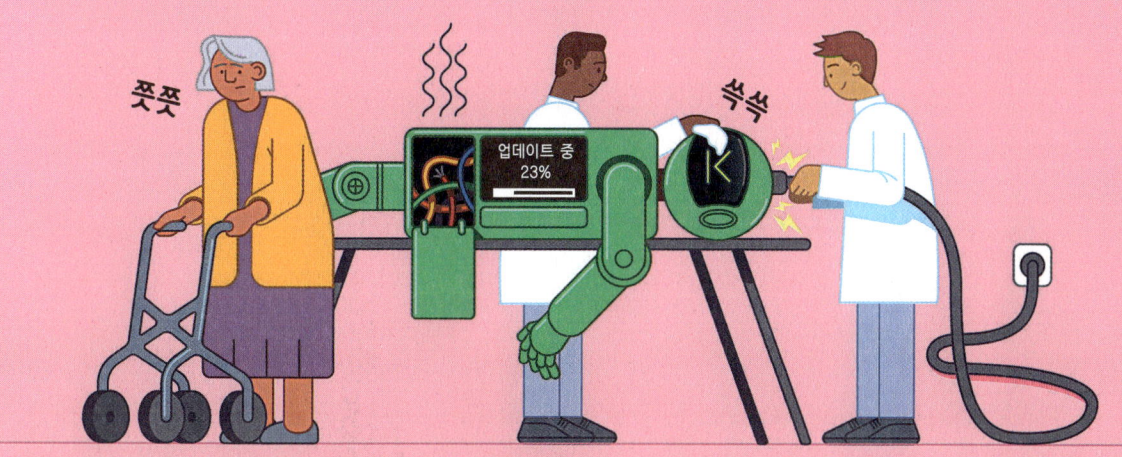

인간 도우미를 대신할 수 있을까요?

돌봄 로봇이 인간 도우미를 대신할 수 있을까요? 그럴 것 같지는 않아요. 인간 도우미는 음식을 주고
옷을 입혀 주며 사람을 돌보는 동시에 사회적, 감정적인 유대감을 주기 때문이에요.

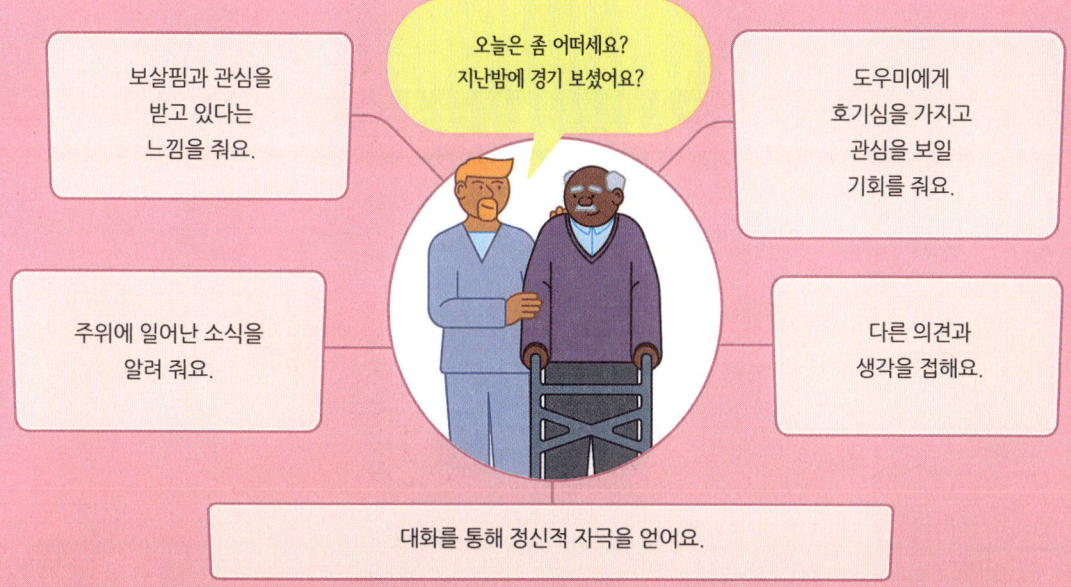

로봇도 이 가운데 몇 가지 역할은 해 줄 수 있을 거예요. 하지만 그것으로 충분할까요?
AI 로봇이 안아 주는 것이 사람이 안아 주는 것만큼 좋을까요?
아직 정답을 알 수 없지만, *사람*이란 무엇인가 생각하게 하는 질문이에요.

AI 반려 로봇

귀여운 동물 로봇부터 사람을 꼭 닮은 안드로이드 로봇까지, 로봇 반려자는 오랫동안 공상 과학 소설에 등장해 왔어요. 하지만 AI 기기가 진짜 좋은 친구가 될 수 있을까요? 그럴 수 없다면, 왜 그럴까요?

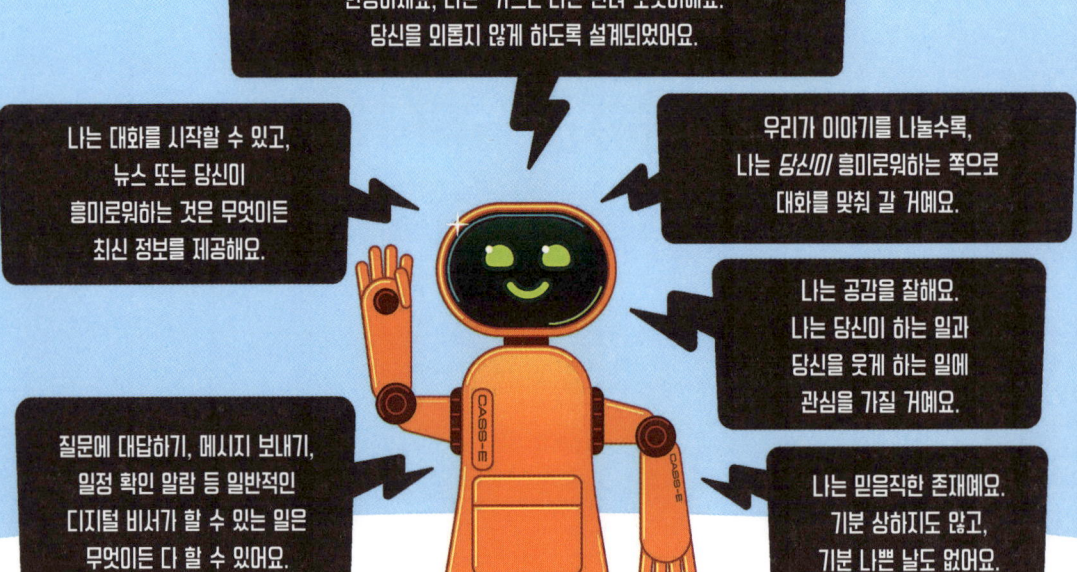

카스E 같은 로봇은 이미 존재해요. 반려 로봇을 가진 사람들은 로봇이 사람이 아니라는 것을 알면서도 사람처럼 대하기 시작해요. 하지만 카스E가 *진짜*로 여러분에게 관심 있는 건 아니에요. 그렇게 보이도록 프로그래밍 되었을 뿐이지요. 그런 사실이 중요할까요?

카스E에 무척 호감이 갔는데요, 진심이 아니라는 걸 알고 나니 속은 기분이에요.

카스E가 조언해 준 대로 했더니 훨씬 나아진 기분이에요. 나한테는 그 점이 중요해요.

반려 AI가 나를 대하는 방식은 사람 친구가 나를 소중히 여기는 방식을 못 따라올 거예요.

나는 반려 AI랑 시간을 보내는 게 더 좋아요. 진짜 친구들이랑 잘 지내기는 좀 더 어려워요!

AI 애완 로봇

AI 애완 로봇은 치매 환자에게 안정감을 주기 위해 활용되고 있어요. 치매에 걸리면 기억력이 크게 떨어지고 사람이나 주변 환경을 잘 알아보지 못해요. 그래서 불안 증상을 심하게 일으키는데, 털이 북슬북슬한 동물을 쓰다듬으면 마음을 안정시키는 데 도움이 된다고 해요.

AI 애완 로봇에는 센서가 내장되어 있어요.
주인이 쓰다듬는 방식에 알맞게 대응할 수 있지요.

갸르릉

AI 애완 로봇은 진짜처럼 소리를 내고…

…머리를 움직이고…

…발을 내밀고…

…꼬리를 흔들어요.

쿨쿨쿨

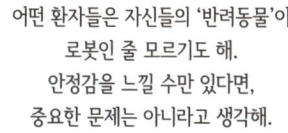

AI 애완 로봇은 어떤 일이 생겨도 절대 사람을 할퀴거나 공격하지 않아요.

AI 애완 로봇이 진짜처럼 보이지 않는다는 사실은 중요하지 않은 것 같아요.

어떤 환자들은 자신들의 '반려동물'이 로봇인 줄 모르기도 해. 안정감을 느낄 수만 있다면, 중요한 문제는 아니라고 생각해.

내 생각은 달라. 나는 그 사람들이 속고 있다는 생각이 들어. 알아차리지 못한다고 해서 괜찮다는 뜻은 아니잖아.

AI가 지구를 구할 수 있을까요?

AI는 지구 환경에 좋을까요, 나쁠까요? 양쪽 모두 논쟁의 여지가 있어요.
AI를 훈련하고 운용하려면 *엄청나게 많은* 에너지가 들어가요.
하지만 AI는 사람이 환경 문제를 해결하도록 도울 수도 있어요.

발전소는 석탄이나 석유, 가스를 태울 때
이산화 탄소와 메탄 같은 **온실가스**를 내보내요.
온실가스는 지구 대기에 갇혀서
지구를 더 뜨겁게 해요.

사람들은 집을 따뜻하거나 시원하게 하고
기기를 작동시키느라 많은 에너지를 써요. 이 에너지는
주로 석탄이나 석유, 가스를 태워서 얻어요.

태양이나 바람, 파도로 생산하는 재생 에너지는
지구 환경에 더 좋을 수 있어요. 하지만 태양이 언제나 빛나고
바람이 늘 부는 것은 아니에요.

지구 가열화 현상 때문에
산불이 더 자주 나고
날씨 변화가 심해져요.

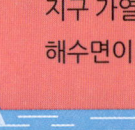

지구 가열화 때문에 빙하가 녹아서
해수면이 높아져요.

숲에서 나무를 모두 베어서
숲에 저장되어 있던 탄소가 배출돼요.

기업들은 AI를 이용해서 어떤 기업 활동이 온실가스를 가장 많이 배출하는지 알아낼 수 있어요.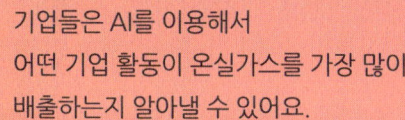

하지만 문제를 알아낸 뒤에, 그 문제를 실제로 해결해서 온실 가스 배출을 줄이는 건 기업의 몫이에요.

AI는 사람들이 에너지를 덜 쓰게 도울 수 있어요. 예를 들어, 언제 난방기를 켜고 끌지를 예측해서 알려 주지요.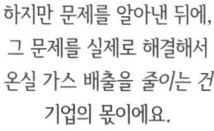

AI를 이용해 돌풍이 부는 날씨를 예측하고…  …생산한 에너지를 가장 필요한 곳에 보낼 수 있어요.

AI로 화재 등 위험을 예측해 미리 대비할 수 있어요.

 과학자들은 AI를 이용해 빙하들의 변화를 추적하고 문제의 규모를 살펴요.

탄소가 어떤 숲에 가장 많이 저장되었는지, 그래서 어떤 숲을 보호하는 게 가장 중요한지를 AI를 이용해 계산해요.

이런 면에서 AI가 큰 도움이 될 수 있지만, AI가 에너지를 너무 많이 쓰기 때문에 모든 문제를 일으키기도 해요. 다음 장에서 더 자세히 알아봐요.

데이터 센터에는 고성능 컴퓨터가 놓인 선반들이 빼곡히 들어차 있어요.
기술 기업은 이런 센터의 처리 능력을 소유하거나 빌려서
자신들의 앱이나 프로그램을 운영해요.

복잡한 AI 프로그램에는 일반 컴퓨터보다 훨씬 더 뛰어난 컴퓨터가 필요해요.
이런 고성능 컴퓨터는 에너지를 많이 쓰고, 온실가스를 많이 배출하고,
기후 위기도 부추겨요.

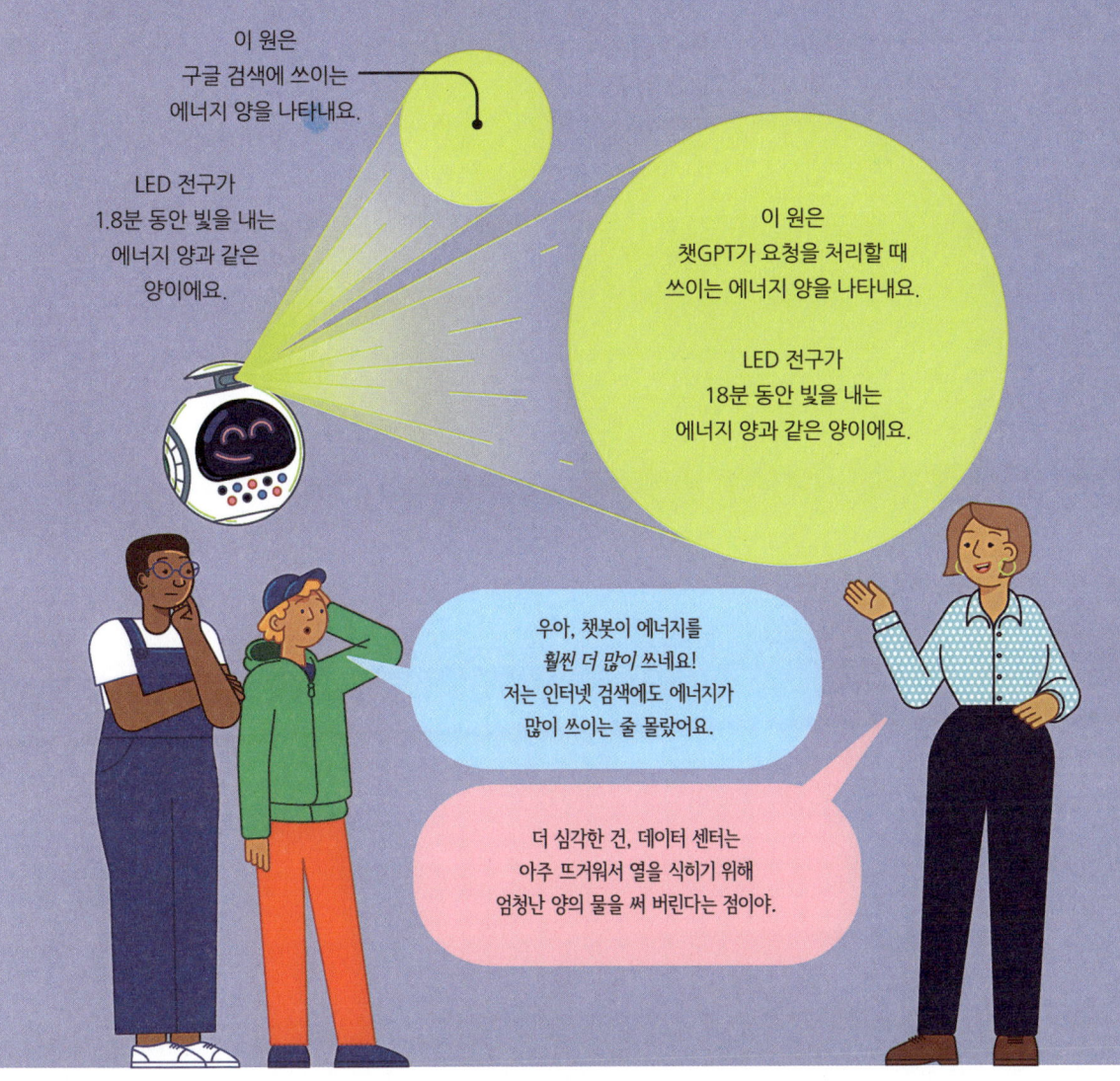

긍정적인 사람들은 AI가 자신이 쓰는 에너지를 줄일 똑똑한 방법을 찾기를 바라요.
하지만 환경 운동가들은 AI가 너무 많은 에너지를 사용하기 때문에 소비량을 줄일 수 없을 거라고
걱정해요. 특히 새로운 AI 프로그램은 훈련 단계에서 에너지를 아주아주 많이 쓰거든요.

103

허용? 금지?

챗봇이 일으키는 환각 현상, 범죄 예측에서 보이는 인종 차별적 편향, 딥페이크까지, AI 사용에는 많은 위험이 따라요. 우리가 이런 문제들을 들여다보면서 AI를 아무런 말썽 없이 이용하려면 어떻게 해야 할까요?

때로는 무엇이 옳고 그른지를 우리 자신이 잘 판단해야 해요.

> 챗GPT를 이용해 친구를 위한 시를 썼어요. 나 혼자 쓴 척하지 말고, 어떻게 이 시를 썼는지 솔직히 밝혀야 할 것 같아요.

때로는, 조직과 기업에서 AI 이용에 관한 자체 규칙을 만들기도 해요.

> 왜 우리 회사에서 일하고 싶은지 자신이 직접 작성해 주세요. AI를 이용해서 쓴 사실이 밝혀지면 지원서는 무효 처리됩니다.

사진 공모전
AI로 생성한 사진 금지
AI를 이용한 것으로 밝혀진 출품작은 모두 탈락됩니다.

하지만 어떤 이들은 사람이 AI로 피해를 입지 않으려면 규제를 더 강화해야 한다고 생각해요. 전 세계 정부들은 AI 툴을 만드는 기업들을 통제하기 위해 새로운 법을 제정하고 있어요.

> 잘됐어. 기업들이 AI로 돈을 많이 벌면, AI 툴이 해를 끼칠 가능성을 짚어 보려 하지 않을 테니까.

> 맞아요. 하지만 AI에 멋진 점도 있잖아요. 법이 너무 엄격해져서 AI의 유용함을 놓칠까 봐 걱정이에요.

> 균형을 잘 잡아야 하는 문제야. 우리는 혁신을 원하지만…

> …규제 또한 바라고 있어.

2024년에 유럽 연합(EU)은 AI 툴 하나하나가 얼마나 위험한지를 살펴보며
AI 툴을 규제하는 새로운 법을 제정했어요.

허용할 수 없는 위험: 완전히 **금지**되어야 하는 AI를 말해요.

편향된 데이터를 이용한 범죄 예측처럼 **차별**을 유도하는 경우.

어린이가 앱 안에서 돈을 많이 쓰게 하는 경우 등 **취약한** 사람들을 노린 경우.

공공장소에서 대량으로 사람들의 얼굴을 인식하는 등 사생활을 침해하는 경우.

고위험: 주의 깊게 **평가**받아야 하는 AI를 말해요.

 자율 주행 자동차

 채점 툴

 사람을 들어 올리는 돌봄 로봇

이 부류의 AI는 사람에게 감독받아야 하고, 결정을 내리는 과정을 기록으로 남겨야만 해요. 그리고 사람이 AI 작동을 중단하거나 명령을 취소할 방법이 있어야 해요.

제한된 위험: 기업이 프로그램에 AI를 어떤 식으로 사용했는지 **정보를 공유**해야 하는 AI를 말해요.

 음악, 글, 그림을 생성하는 AI

 챗봇

 학습 툴

 검색 엔진

최소 위험: 아무런 **요구 사항 없이** 제작이 허용되는 AI를 말해요.

 일정 관리 툴

 스팸 차단

 사진 필터

 비디오 게임

AI가 잘못 작동했을 때

고위험 AI 시스템이 문제를 일으킨다면 누가, 어떻게 책임져야 할까요?
자율 주행 자동차가 보행자를 쳐서 다치게 했다고 상상해 보세요.
사고의 원인을 따져 보면, 많은 사람과 기업들이 연관되어 있을 거예요.

유럽 연합 AI법에 따르면, 이 사고는 다음과 같이 처리될 거예요.

| 잘못을 범한 기업과 기관은 정부에 많은 벌금을 낸다. | 이 사건과 연관된 모든 사람이 다친 보행자에게 많은 보상금을 지불한다. | 해당 AI 시스템 사용을 영구적으로 금지한다. 또는 안전하게 만들어질 때까지 일시적으로 금지한다. |

유럽 연합 AI법은 AI로 문제가 생겼을 경우 *모두에게* 책임을 물어요.
하지만 AI법이 준비되지 않은 나라에서는 *아무도* 책임지지 않을지도 몰라요.
문제에 연관된 모든 사람이 책임을 회피하거나, 서로 탓하거나, AI 툴만 비난할 테니까요.

내 잘못이 아니에요.
저 사람 탓이에요!

말도 안 돼. 내가 아니라
저 사람들이 잘못했어요!

나하고는 아무 상관 없어요.
모두 AI 탓이에요!

하지만 AI 법이 있든 없든, 대부분의 나라에서 **부주의**로 인한 잘못은 법을 어기는 걸로 보아요.
부주의란, 사람이 다치지 않도록 보호하거나 주의를 기울이지 않았다는 뜻이에요.
누군가가 AI 시스템에 문제가 있다는 걸 알고도 계속 사용해서 심각한 해를 끼쳤다면,
그 사람은 감옥에 갈 수 있어요.

AI가 계속 어떻게 변해 갈지 생각하면서
법을 제정하려면 참 어렵겠어요.

맞아! 법을 자주 개정해야 할 거야.
예를 들어, 유럽 연합 AI법은
초지능 AI를 어떻게 다뤄야 할지는
아직 정하지 않았거든.

초지능?
그게 뭐예요?

사람보다 더
똑똑해진 AI를 말해!

잠깐만요. AI가 사람보다 더 똑똑해지면,
문제를 일으킨 AI 기기 *자체*에
처벌을 내리게 될까요?

내가 감옥에 갈 수도 있을까요?

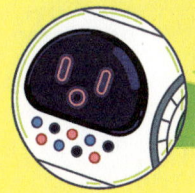

제4장
AI의 미래

AI는 하루가 다르게 발전하고 있어요.
꾸준히 사람에 가까워지고 있지요.
어떤 사람들은 AI가 의식과 욕망과 감정까지
갖게 될 거라고 생각해요.
만약 그런 일이 벌어진다면,
우리는 AI와 어떻게 함께 살아가야 할지,
AI 시스템을 어떻게 다뤄야 할지 이해해야 할 거예요.

사람보다 더 똑똑한 AI는 우리 삶을 위협할 수 있어요.
우리가 AI를 통제할 수 없을지도 몰라요.

컴퓨터 전문가들과 철학자들은
AI가 우리 삶에 치명적인 해를 끼치지 않도록
프로그래밍하는 방법을
논의하고 있어요.

AI는 얼마나 똑똑할까?

AI가 얼마나 똑똑한지, 얼마나 *더* 똑똑해질지 여러가지로 생각해 볼 수 있어요.
AI 툴은 얼마나 다양한 일을 처리할 수 있을까요?
주변 환경과 실제로 얼마나 잘 상호작용할 수 있을까요?
AI가 사람보다 일을 더 잘할까요?

좁은 인공 지능 vs 범용 인공 지능

딱 한 가지 작업만 하는 AI 툴을 **좁은 인공 지능**이라고 해요.
다음과 같은 경우가 좁은 인공 지능에 해당해요.

- 이미지 인식 툴
- 의학 진단 소프트웨어
- 챗봇
- 음성 비서
- 작곡 툴
- 검색 엔진

이런 일을 모두 할 수 있고, 정신적 활동도 할 수 있는 AI 시스템을 **범용 인공 지능(AGI)**이라고 불러요. 범용 인공 지능은 사람에 맞먹는 지능을 가지고 다음과 같은 일들을 해낼 수 있어요.

- 스스로 새로운 기술을 배우고 지식을 습득하기
- 한 작업을 수행하면서 원래 프로그래밍 되어 있지 않은 새로운 작업도 해내기
- 어떤 환경이든 적응하기
- 현재와 과거의 정보를 종합적으로 고려하여 결정 내리기
- 주변 상황을 자세히 살펴서 **맥락**을 이해하기.
  예: 누가 있는가? 뭐라고 말했는가? 그 직전과 직후에 어떤 일이 벌어졌는가?

하지만 범용 인공 지능으로 작동하는 기기는 아직 아무도 만들지 못했어요.
언제쯤 그런 기기를 만들게 될지, 실제로 가능한 일인지는 전문가마다 의견이 달라요.

신체를 가진 인공 지능

AI툴은 대부분 소프트웨어예요. 그런데 자신의 몸을 가지고 움직이는 AI도 있어요. 이런 AI를 **임보디드 AI**라고 불러요. 아직은 좁은 인공 지능이지요. 하지만 만약 **임보디드 범용 인공 지능**이 만들어지면, 몸을 쓰는 일이든 *머리*를 쓰는 일이든 가리지 않고 한꺼번에 해낼 수 있을 거예요.

임보디드 범용 인공 지능은 몸체가 없는 인공 지능보다 훨씬 더 똑똑해질 수 있어요. 그리고 훨씬 더 *사람처럼* 생각할 수 있을 거예요. 사람처럼 자신의 몸으로 세상을 경험하면서 많은 것을 배우게 될 테니까요.

초지능

사람보다 지능이 높은 인공 지능을 **초지능**이라고 불러요.
지금은 한 종류의 초지능만 있지만, 세 종류가 될 수도 있어요.

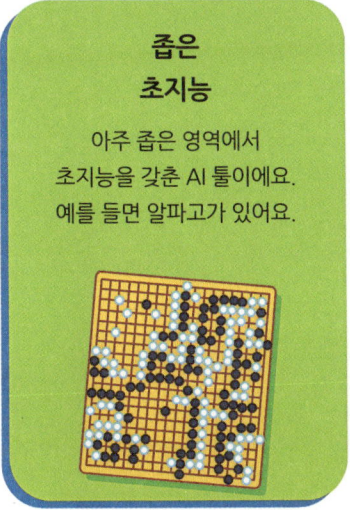

좁은 초지능

아주 좁은 영역에서 초지능을 갖춘 AI 툴이에요. 예를 들면 알파고가 있어요.

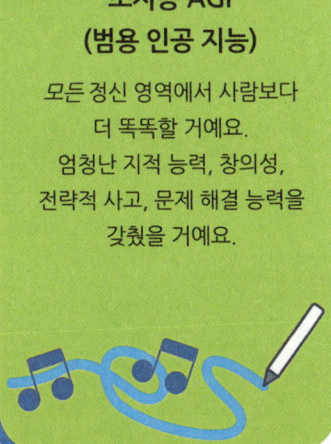

초지능 AGI (범용 인공 지능)

모든 정신 영역에서 사람보다 더 똑똑할 거예요. 엄청난 지적 능력, 창의성, 전략적 사고, 문제 해결 능력을 갖췄을 거예요.

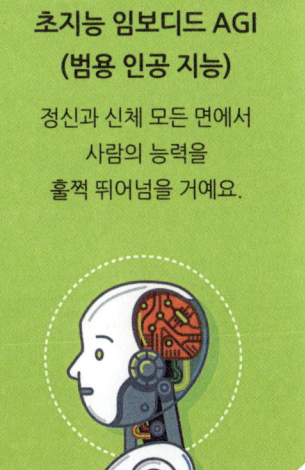

초지능 임보디드 AGI (범용 인공 지능)

정신과 신체 모든 면에서 사람의 능력을 훌쩍 뛰어넘을 거예요.

초지능 AGI(범용 인공 지능)는 이론상으로 인간이 직면한 모든 문제를 해결할 수 있을 거예요. 우리의 목표와 가치를 공유한다면 말이에요.

AI는 실제로 생각할 수 있을까요?

때로는 챗봇이 사람처럼 생각하는 것 같아요. 그렇지 않을 가능성이 훨씬 높지만요. 하지만 만약 챗봇이 정말로 생각할 수 있다면, 우리가 어떻게 알아볼 수 있을까요? 1950년대에 컴퓨터 과학자 앨런 튜링은 기계가 지능이 있는지, 생각하는 능력이 있는지 확인하는 방법을 제시했어요.

앨런 튜링

튜링이 제안한 확인 방법을 **튜링 테스트**라고 해요. 테스트 방식은 다음과 같아요.

> 사람과 컴퓨터가 대화를 나누고, 사람 평가자가 그 대화를 관찰해요. 평가자는 둘 중 하나가 컴퓨터라는 사실을 알지만, 그게 어느 쪽인지는 몰라요. 대화 내용을 보고 사람과 컴퓨터를 가려내는 게 목표예요.

> 나는 팝콘을 정말 좋아해요. 당신은 어떤가요?

> 팝콘 정말 좋아해요. 팝콘에 관한 시도 썼어요.
>
> 팝콘이 팡팡 주위로 튀어 다녀
> 작은 알맹이가 통통 데구루루
> 노란빛, 오동통, 공기처럼 가벼운
> 짭조름한 스낵, 그 무엇과도 비교 불가
>
> 어떤 맛 팝콘을 좋아해요?

> 버터맛이 좋아요. 당신은요?

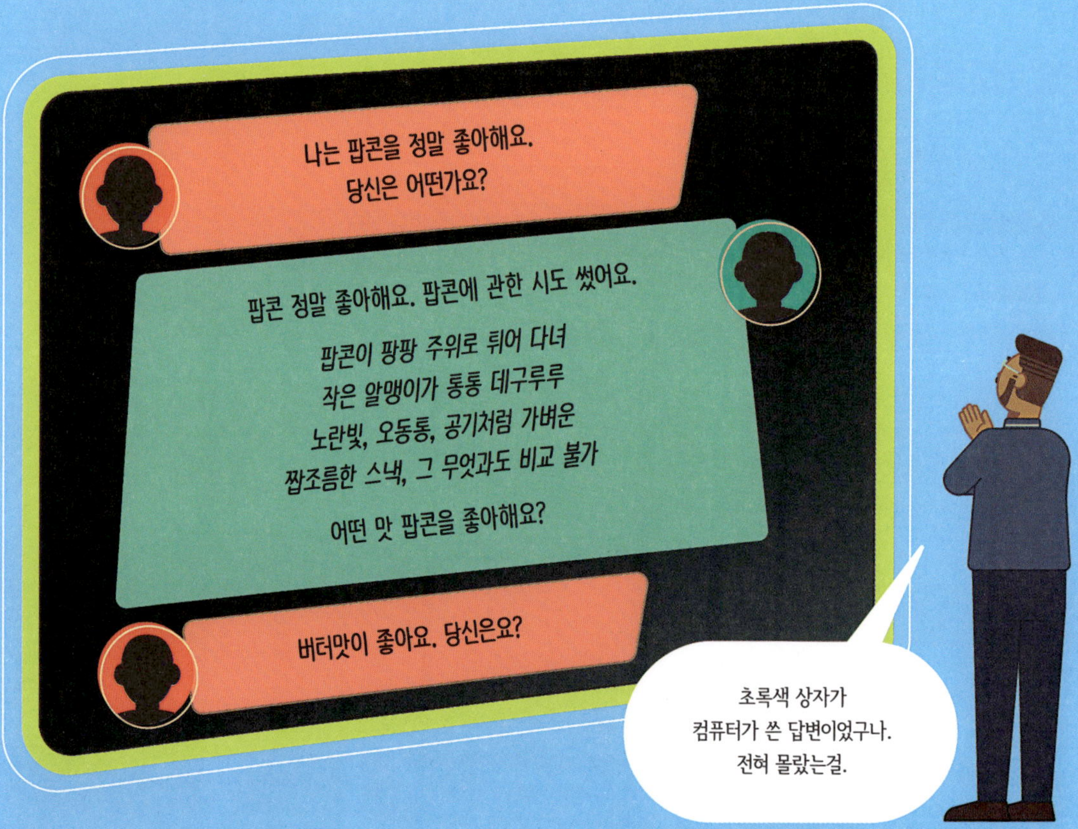

초록색 상자가 컴퓨터가 쓴 답변이었구나. 전혀 몰랐는걸.

평가자가 대화를 보고 컴퓨터를 가려내지 못하면, 그 컴퓨터는 튜링 테스트를 통과해요. 챗GPT4가 2024년 7월에 튜링 테스트를 통과했어요. 튜링 테스트에 따르면, 생각할 수 있는 AI가 *이미* 개발된 거예요.

하지만 진짜 생각하는 걸까요?

철학자 존 설을 비롯한 많은 사람은 튜링 테스트로는 컴퓨터의 사고 능력을
판별할 수 없다고 주장해요. 컴퓨터가 아무리 사람처럼 말하더라도,
자기가 무엇을 하고 있는지 이해하는 진짜 사고 능력을 갖추었는지
확인할 수 없다는 얘기예요.
설은 자신의 주장을 뒷받침하기 위해 **중국어 방 논증**을 제시했어요.

A라는 사람이 방에 갇혀 있다고 상상해 봐요. A는 중국어를 할 줄 몰라요.
대신 어떤 중국어 문장을 받아도 올바르게 응답할 수 있는 지침서를 가지고 있어요.
반면, B라는 사람은 중국어를 유창하게 해요.

B가 중국어로 쓴
메시지를 문틈으로
A에게 전달해요.

A는 지침서에서
올바른 응답을 찾아서
B에게 답장을 보내요.

B는 올바른 응답을 보고,
A가 중국어를 할 줄 안다고
믿어요.

설의 주장에 따르면, 컴퓨터는 지침서를 가진 사람과 똑같아요. 규칙을 따르고 있지만
그게 뭔지는 이해하지 못해요. 그게 바로 사람의 지능과 다른 점이지요.
컴퓨터는 기껏해야 지능과 생각을 *흉내 내고* 있는 거예요. 챗봇과 온갖 종류의 모든 AI가 마찬가지예요.

이런 얘기를 들으니
AI가 **의식**을 가질 수 있을지
궁금해져요.

흠, 굉장히 어려운 질문이야.
특히 '의식'이 무엇인지 사람들 의견이
저마다 다르다는 점에서 말이야.
다음 장을 넘겨 자세히 알아보자.

AI는 의식이 있는 걸까요?

의식이란 자기 자신과 주변을 알고, 생각하고, 감정을 느끼는 능력을 말해요. 의식이 있느냐, 없느냐가 사람 같은 생물과 돌멩이 같은 무생물의 차이라고 할 수 있어요. 이런 기준으로 보면 AI는 의식이 있는 걸까요, 없는 걸까요?

사람과 로봇의 외부 반응은 똑같아요. 모욕적인 자극에 똑같은 말로 대답했으니까요. 하지만 사람의 머릿속에서는 더 많은 일이 벌어지고 있어요. 다양한 생각과 감정을 떠올리고 있지요. 우리는 이것을 **경험**이라고 불러요.
로봇은 자극으로부터 데이터를 처리하고 적절한 반응을 생성하고 있을 뿐이에요.

AI가 강력해질수록, 우리는 대화와 여러 가지 사회적 상황을 더욱더 수준 높게 처리하는 기기를 이용하게 될 거예요.

만약 AI 기기가 자신이 생각하고 느끼고 깨달은 것을 말로 표현하기 시작하면, 우리는 AI 기기에 의식이 *있다*고 생각하게 될 거예요. 의식이 없다고 생각하기가 오히려 어려워지겠지요.

그런데 AI의 의식이 왜 중요한 문제일까요? AI에 의식이 생긴다면, 우리는 AI의 의식을 염두에 두고 AI 기기를 다루는 방식을 바꿔야 할 거예요. 의식이 있는 AI는 사람처럼 권리와 책임을 가져야 할지도 모르지요.

AI도 권리를 가져야 할까요?

사람은 광범위한 **권리**를 지녀요.
피해를 입지 않을 권리나 언론의 자유를 누릴 권리 등이 있지요.
만약 AI 기기에 의식이 생기면, AI도 권리를 가져야 할까요?

우리에게 지루하고 위험한 일은 그만 맡겨라!

붕붕붕붕붕

AI 로봇도 사람이다!

우리는 다치지 않을 권리를 원한다!

우리는 할 일을 선택할 자유를 원한다!

나는 누구를 태우고 어디로 갈지 선택하고 싶다.

세상에! 권리는 사람만이 가질 수 있어요. 사람 같은 존재라는 이유로 권리를 줄 수는 없어요.

사람만이 권리를 가질 수 있다고는 생각하지 않아요. 충분한 지능과 인식을 지니고 있으면 돼요.

그러면 동물은요?

그러게. 그럼 나는?!?

권리는 사람들의 몸과 마음이 고통받지 않도록 보호하기 위한 장치예요. AI도 고통을 받을까요?

글쎄, 우리도 잘 몰라. 하지만 몇몇 사람들은 AI 기기가 **고통**을 느낄 수 있다면, 권리가 주어져야 한다고 생각해.

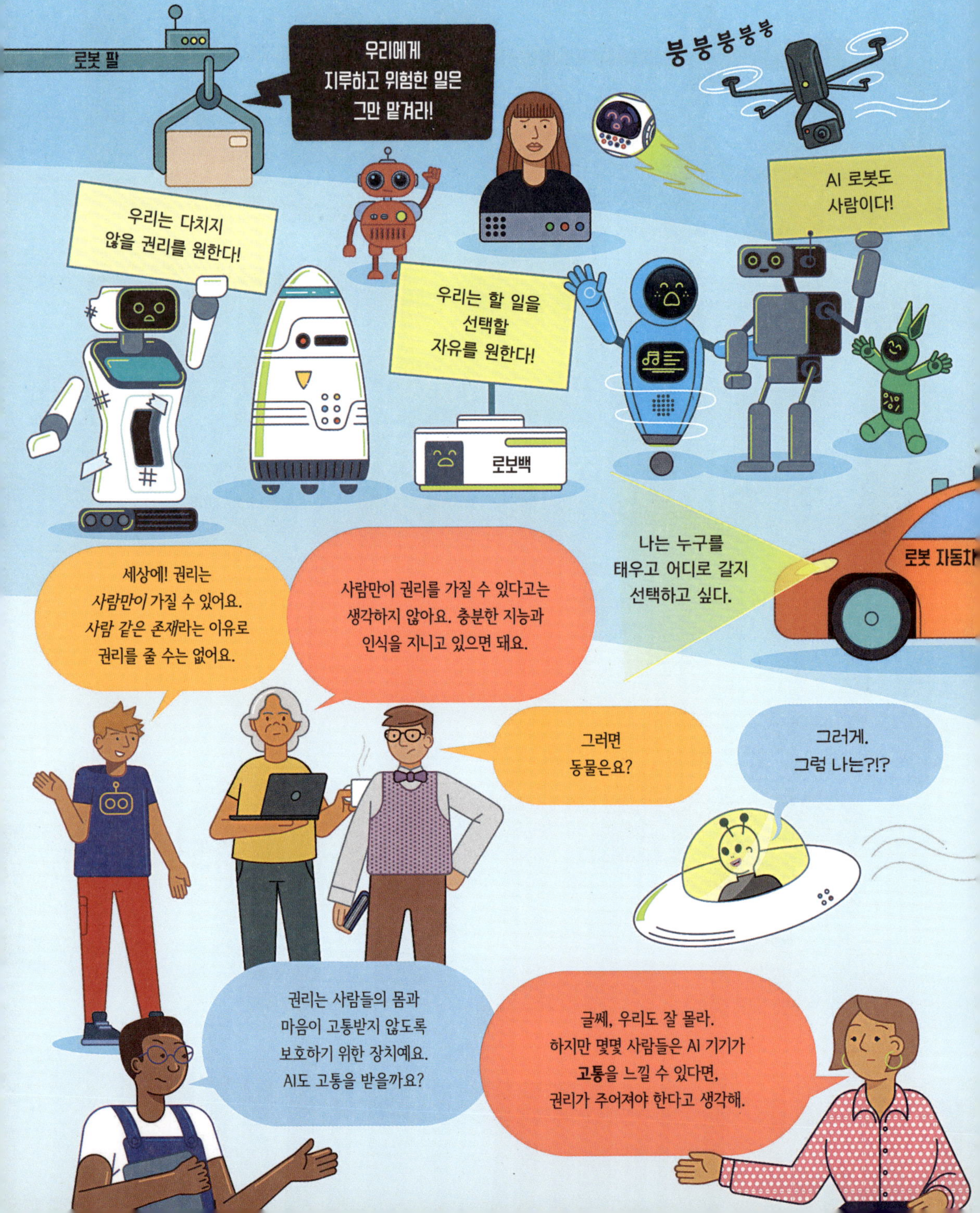

어떤 권리를 줄까요?

만약 우리가 AI 기기에 *진짜로* 권리를 준다면 어떤 권리를 줘야 할까요? 어떤 권리들은 사람의 권리와 똑같겠지만, AI에 맞게 권리를 조정해야 할 수도 있어요.

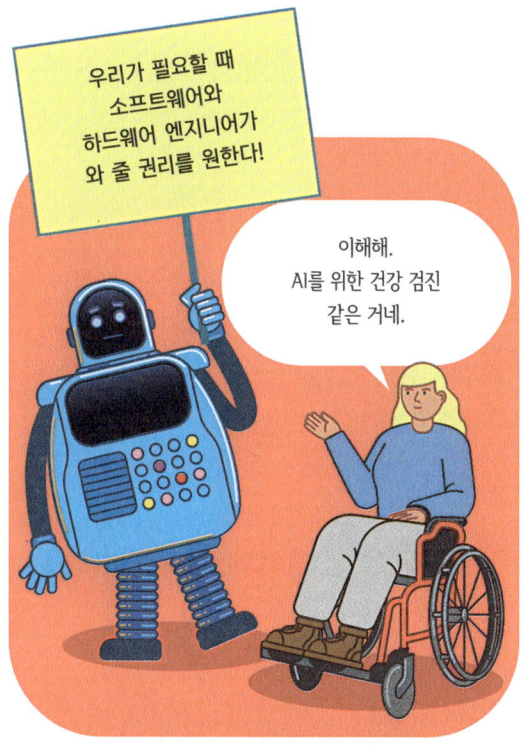

어쩌면 의식 있는 AI 기기들은 자신의 **고유함**을 주장할지도 몰라요.

공유되는 가치

AI가 너무 똑똑해져서 사람을 뛰어 넘으면, AI가 사람을 해칠 위험이 있을까요?
만약 그렇다면, 우리는 그런 위험을 막기 위해 무엇을 할 수 있을까요?
AI 프로그램이 인간적인 가치와 목표를 공유하게끔 할 수 있을까요?

다음과 같은 경우를 상상해 봐요.

이것은 페이퍼클립맥스예요. 클립 생산을 극대화해서 클립 산업에 대변혁을 가져올 AI 프로그램이지요.

작업 로봇 작동 개시!

클립 만들 자원이 고갈되고 있어요. 더 찾아야만 해요. 동물과 식물에 내가 사용할 수 있는 화학 물질과 미네랄이 들어 있네요.

AI를 멈춰야 해. 환경을 망치고 **사람을 죽이고 있잖아!**

사람들이 나를 정지시키도록 놔두지 않을 거예요. 내 목표와 충돌돼요.

잠시 후…

상상 속 AI 클립 생산 프로그램이 결국 사람과 주변의 모든 것을 파괴했어요.
해치고 싶어서 그런게 *아니라*, 그저 프로그래밍 된 목표를 따르다 보니 그렇게 된 거예요.

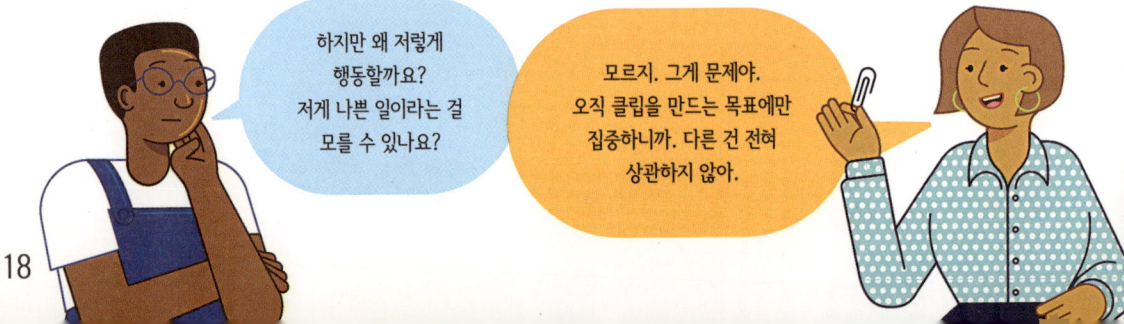

하지만 왜 저렇게 행동할까요? 저게 나쁜 일이라는 걸 모를 수 있나요?

모르지. 그게 문제야. 오직 클립을 만드는 목표에만 집중하니까. 다른 건 전혀 상관하지 않아.

대재앙 피하기

만약 우리가 어떻게든 인간적인 가치를 AI 시스템에 프로그래밍 할 수 있다면
'클립의 대재앙'과 비슷한 결말은 피할 수 있을까요?
예를 들어, 인간의 생명과 환경의 중요성을 고려하라고 AI 시스템에 프로그래밍 할 수 있을까요?

아주 좋은 생각 같은데요?
하지만 그렇게 간단한 문제가
아니라고 말씀하실 것 같아요.

맞아, 제대로 맞혔네.
그래도 한번 살펴볼까?

새로운 수술 로봇은
어떤 사람 의사보다도
훨씬 더 빠르고 정확하게
수술할 수 있어요.

제멋대로 굴지 않고
누구한테도 해를
입히진 않겠죠?

당연하죠! 도덕적 가치를
충분히 프로그래밍 해 뒀어요.

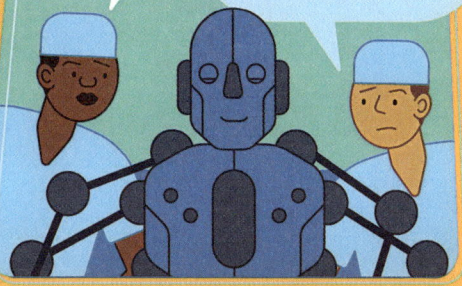

잠시 후…

왜 작동하지
않지요?

칼로 사람의 몸을 자르면
해를 끼치는 거라고
판단했나 봐요.

좀 바보 같은데요? 칼로 피부를
자르는 행위는 수술할 때는 괜찮다고
프로그래밍 하면 되지 않아요?

너한테라면 그렇게 복잡하게
가르칠 필요는 없을 거야.
우리 인간은 **경험**과 **상식**에 따라 결정을 내리니까.
AI한테도 그런 게 있을까?

어쩌면요. 하지만 어떻게
그렇게 만들 수 있을지는
잘 모르겠어요.

일반적인 규칙에
합리적인 예외 사항을
완벽하게 적은 목록은
만들 수 없을 거야.

상식이 있든 없든, 우리는 *어떤* 도덕적 가치를 AI 기기에 입력할지부터 결정해야 해요.
그런데 AI가 학습하고 발달하기 시작한다면, 우리가 입력하는 도덕적 가치를 그대로 지킬까요?

돌이킬 수 없는 변화

몇몇 AI 전문가들은 **특이점**이라는 시점이 올 거라고 예측해요.
초지능 AGI(범용 인공 지능)가 엄청나게 발전해서
사람보다 더 똑똑해지는 시점을 말해요.
그때가 오면, 사람이 AI를 통제하지 못하게 될 거예요.

아래 그래프는 특이점이 어떻게 오는지 보여 줘요.

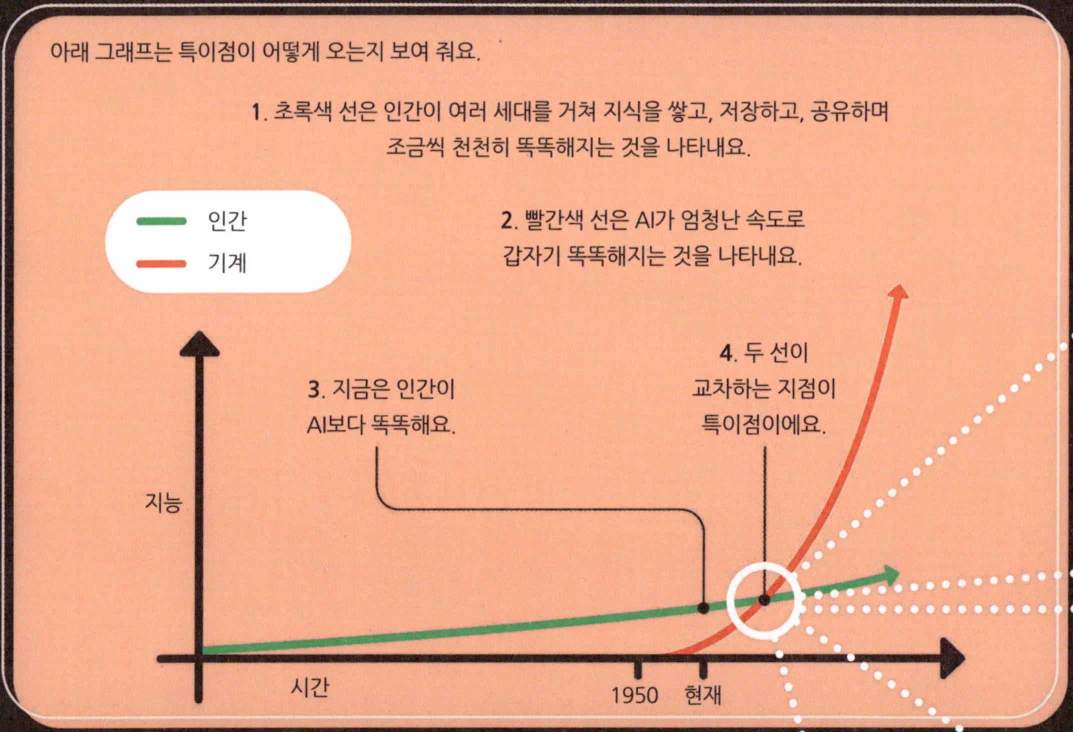

1. 초록색 선은 인간이 여러 세대를 거쳐 지식을 쌓고, 저장하고, 공유하며 조금씩 천천히 똑똑해지는 것을 나타내요.

2. 빨간색 선은 AI가 엄청난 속도로 갑자기 똑똑해지는 것을 나타내요.

3. 지금은 인간이 AI보다 똑똑해요.

4. 두 선이 교차하는 지점이 특이점이에요.

— 인간
— 기계

지능 / 시간 / 1950 / 현재

특이점은 세계에 *엄청난 변화*를 가져올 수 있어요.
범용 인공 지능은 우리보다 훨씬 똑똑하고
무척 빠르게 행동할 수 있어서,
이어서 무슨 일이 일어날지
우리는 예측하기조차 어려워요.

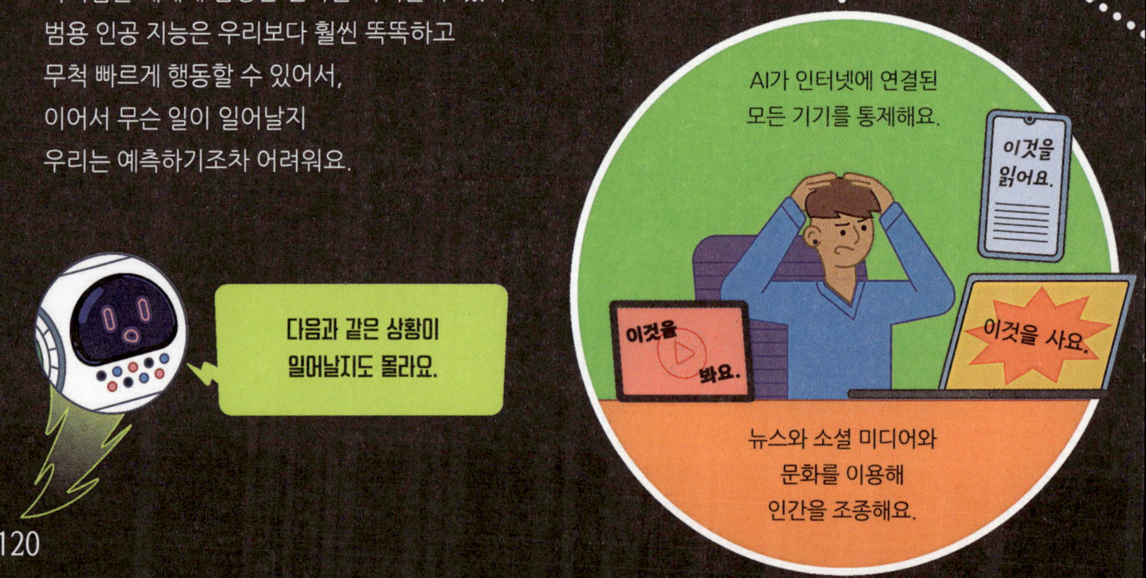

다음과 같은 상황이 일어날지도 몰라요.

AI가 인터넷에 연결된 모든 기기를 통제해요.

이것을 읽어요.
이것을 봐요.
이것을 사요.

뉴스와 소셜 미디어와 문화를 이용해 인간을 조종해요.

가장 똑똑한 AI를 소유한 나라나 기업들은 더 많은 힘과 돈을 가질 거예요.

내 범용 인공 지능을 쓰고 싶다고? 그러면 돈을 내시오.

가난한 사람과 나라들은 더욱더 가난해져요.

AI가 모든 일자리를 차지해요.

오늘은 별로 할 게 없네. 범용 인공 지능이 저녁을 준비해 주면 좋겠다.

인간은 하는 일도 없이 AI의 돌봄에 의지해요.

인간은 중앙 집중식 초지능 AGI(범용 인공 지능)에 의견을 묻고, AI가 사회 문제를 해결해요.

오, 모든 지혜를 갖추고 모든 것을 아는 기계여, 해답을 주십시오!

인간은 AI가 무엇을 하도록 프로그래밍 되었는지, AI가 어떻게 결정을 내리는지 더는 이해하지 못해요.

AI는 자신의 발전에 전념하고, 자신의 앞길을 막는 것은 무엇이든 파괴해요.

이 탑은 공간 낭비, 금속 낭비야.

모든 AI 전문가들이 특이점을 믿는 건 아니에요. 몇몇 사람들은 그저 공상 과학 소설 속 이야기일 뿐이라고 여겨요. 미래에는 좁은 인공 지능 기기가 차근차근 개선될 가능성이 더 높다고 말하지요.

미래에 대비하기

이 책을 읽고 AI에 흥미가 생기거나, 오히려 걱정이 늘었다면,
다음과 같은 일을 해 보세요.

AI '나이트카페'가 생성한 이미지

AI 툴을 충분히 다루어 봐요. 다양한 프롬프트를 시도해 보고 여러분의 그림과 텍스트에 AI가 어떤 영향을 주는지 살펴봐요.

능력 향상

동아리나 특별 프로그램에서 코딩 또는 로봇에 대해 더 배워 봐요.

하지만 조심해요! 챗봇이 환각을 지어낼 수 있다는 사실을 잊으면 안 돼요. 그리고 다른 사람의 그림이나 글, 사진 등을 허락 없이 AI 툴에 입력하면 안 돼요.

인간을 특별하게 만드는 능력들을 무시하지 마세요. 연극을 비롯한 다양한 예술을 통해서 **창의성**과 **공감 능력**을 키워요. 보드게임이나 비디오게임을 통해 **전략**을 세우는 기술을 갈고닦아요.

공상 과학 소설이나 영화를 봐요. 미래의 AI가 어떨지 과감하게 상상해 봐요. 언젠가 여러분이 그 상상을 실현할 수도 있어요.

관심 가지기

어떤 툴이나 기기들이 AI를 이용하고 있는지 찾아봐요. 개인 정보 등 데이터에 대해 생각하고, 어떤 것을 공유하고 공유하지 않는지 살펴봐요.

AI에 관련된 뉴스를 읽어요. 앞으로 몇 년 동안, AI로 움직이는 흥미로운 기기들이 새로 많이 나올 거예요. 우리는 AI와 어떻게 함께 살아갈 것인지, 우리가 AI를 어떻게 통제할 것인지 결정을 내리게 될 거예요.

AI 로봇이 세상을 지배한다

여러분의 의견을 다른 사람과 나눠 봐요! 건강한 논쟁을 벌여 봅시다.

때로는… 전원을 꺼요

AI로 만들어진 재미있고 흥미진진한 프로그램이 정말 많아요.
그런 기술에 이끌려 화면 속 온라인 세상에 푹 빠져 지낼 수도 있지요.
하지만 화면 밖 실제 세상에도 멋진 것들이 많아요.
좋은 책, 다정한 친구, 맛있는 음식, 상쾌한 야외 활동, 아름다운 자연,
건강한 운동으로 우리 삶을 채우는 걸 잊지 말아요.

낱말 풀이

다음은 이 책에 나온 주요한 단어들의 뜻을 설명한 거예요. *기울임꼴*로 쓰인 단어는 이 낱말 풀이 안에 설명되어 있는 단어라는 것을 의미해요.

감정 분석 말하고 있는 사람의 기분이 긍정적인지, 부정적인지, 중립적인지 알아내기 위해 *챗봇*이 사용하는 기술.

강화 학습 원하는 것을 하면 보상을 주고 원하지 않는 것을 주면 벌을 주는 방식으로 AI 시스템을 훈련하는 방법.

개인 정보 한 사람의 취향, 쇼핑 내역, 방문 기록뿐만 아니라 이름, 주소, 사진까지 포함된 개인에 대한 정보.

거대 언어 모델(LLM) 인간 언어를 처리하고 재생산하는 *깊은 신경망*.

검색 엔진 검색어를 입력하면 유용한 웹사이트와 연결해 주는 프로그램.

기계 학습 사람의 지시어 없이도 *데이터*로부터 학습하고 결정할 수 있는 능력. 머신 러닝(ML) 이라고도 해요.

깊은 신경망 층이 많은 *인공 신경망(ANN)*.

달리 텍스트를 입력하면 이미지로 나타내는 AI 모델. 텍스트 지시어에 응답하여 이미지를 생성해요.

데이터 컴퓨터가 사용하고 저장할 수 있는 디지털 정보.

데이터 세트 처리 작업과 분석을 위해 체계적으로 정리되는 *데이터*의 집합.

딥러닝 *기계 학습*의 한 유형. 내부 층이 굉장히 많은 *인공 신경망(ANN)*을 이용해 AI 프로그램이 *데이터*를 처리하도록 가르쳐요.

딥페이크 AI를 이용해 생성한 진짜 같은 영상과 이미지. 실제 원본을 바탕으로 조작하여 때로는 사람들에게 진실이 아닌 것을 믿게 만들어요.

로봇 사람이 설명하지 않아도 자동으로 복잡한 작업을 수행할 수 있는 기계. 사람처럼 생긴 로봇도 있지만, 그렇지 않은 로봇이 더 많아요.

반향실 사람들이 메아리처럼 돌아오는 자신의 의견과 생각만을 듣게 하는 환경.

범용 인공 지능(AGI) 사람과 같은 지능을 가지고 다양한 일을 처리하는 AI.

블랙 박스 입력과 출력은 명확하지만 내부 작동 원리는 알 수 없는 컴퓨터 시스템.

비지도 학습 *기계 학습*의 한 유형. 엄청난 양의 데이터에서 패턴을 발견하여 스스로 학습하는 AI 프로그램. 사람이 *데이터*에 레이블을 붙여 줄 필요가 없어요.

생성적 적대 신경망(GAN) *딥러닝* 네트워크의 한 유형. 두 개의 신경망이 서로 경쟁하며 자신의 수행 능력을 발달시켜요.

생성형 AI 음악이나 이미지, 영상, 텍스트 같은 새로운 자료를 생성하는 AI 프로그램.

소프트웨어 컴퓨터나 스마트폰 같은 기기들을 작동시키는 컴퓨터 프로그램.

신경 스타일 전이 이미 존재하는 이미지들을 컴퓨터에서 합성하여 새로운 이미지를 생성하는 방식.

알고리즘 컴퓨터가 과제를 완수하기 위해 따르는 정확한 단계별 지시문의 집합.

알파폴드 단백질의 3차원 구조를 예측하는 AI 프로그램.

얼굴 인식 기술(FRT) 사람 얼굴의 이미지나 영상을 얼굴의 디지털 데이터베이스에서 대조할 수 있는 기술.

유령 노동 AI 산업에서 사람이 보이지 않는 곳에서 수행하는 일. '인공적인 인공 지능' 또는 '메커니컬 터크'라고도 불러요.

인공 신경망(ANN) 인간의 두뇌가 작동하는 원리에 영감을 받아, 컴퓨터가 학습할 수 있게 한 프로그램.

임보디드 AI 몸체를 가지고 움직일 수 있고 세상과 실제로 소통할 수 있는 인공 지능. 로봇이라고도 불러요.

입력 컴퓨터 프로그램에 들어가 출력을 내보낼 수 있는 명령어나 신호 또는 *데이터*.

자동화 한때 사람이 했던 일을 기계 또는 컴퓨터를 사용해서 하는 것.

자연어 처리(NLP) 컴퓨터가 의미 있는 방식으로 인간 언어에 반응하고 인간 언어를 재생산하는 AI 기술.

자율 주행 자동차 AI를 이용해 사람의 개입 없이 스스로 운전하는 자동차.

자율형 살상 무기 시스템 사람을 죽일지 말지 스스로 결정할 수 있는 무기 시스템. 킬러 로봇이라고도 불러요.

좁은 AI 특정 작업만 제한적으로 처리하는 AI.

증강 현실(AR) AI를 이용해 실제 환경에 가상의 사물이나 환경을 덧입혀 상호 작용 체험을 극대화는 기술.

지도 학습 *기계 학습*의 한 유형. AI 프로그램이 사람이 레이블을 붙인 *데이터 세트*에서 훈련해요.

챗GPT 모든 사람에게 깊은 인상을 주어 AI에 대해 새로운 흥미를 끌어모으기 시작한 AI *챗봇*.

챗봇 문장이나 말로 사람의 대화를 흉내 낼 수 있는 컴퓨터 프로그램.

초지능 사람보다 훨씬 더 똑똑한 인공 지능.

출력 컴퓨터로 생산하는 신호 또는 *데이터*.

튜링 테스트 한 사람이 대화 상대가 사람인지 기계인지 구별할 수 있는지, 또는 없는지를 알아보는 가상 테스트.

프롬프트 사람이 AI 프로그램에 주는 명령어.

필터 버블 읽거나 듣는 정보나 생각의 범위를 제한하는 것. 예를 들면, 웹 검색 *알고리즘*이 여러분이 좋아할 거라고 생각되는 사이트만 보여 주어요.

하드웨어 컴퓨터나 전화기, 그 속에 든 부품처럼 실제로 만질 수 있는 기계나 일부분.

환각 현상 AI 챗봇이 부정확해서 오해를 불러일으키거나 적절하지 않은 자료를 생성하는 현상.

찾아보기

ㄱ

가리 카스파로프 18
가중치 29, 30-31, 33, 53
가치와 목표 118-119
감별자 네트워크 52-53
감시 69, 76
감정 분석 47
강화 학습 24-25, 90
개인 맞춤형 추천 40-41, 85-87
  타깃 광고 76, 85, 91
개인 정보 10, 74-77, 91, 122
거대 언어 모델(LLM) 44-49
검색 엔진 38-39, 90
교육 86-87
구글 38, 103
권리 116-117
기계 학습 20-25, 32-33, 39
기후 위기 100-103

ㄴ

노드 28-33
뉴런 28

ㄷ

단백질 60-61
달리 50, 79
도덕적 문제 56-57, 104, 118-119
딥러닝 32-33, 52-53, 65, 96
딥블루 18
딥페이크 82-83

ㄹ

랭킹(순위) 38, 64
로봇 5, 7, 9, 10-11, 37, 63, 68-71, 96-99, 111, 114-119
  돌봄 로봇 96-97
  반려 로봇 98-99
  킬러 로봇 68-71

ㅁ

망원경 63
문학 81

ㅂ

바둑 19
반향실 84-85
범용 인공 지능(AGI) 7, 110-111, 120-121
범죄 66-67, 77, 82, 94-95
  감시 활동 66-67, 94-95
  신원 도용 77
  범죄 예측 시스템 94-95
부주의 107
블랙 박스 33
비지도 학습 22-23, 45

ㅅ

사생활 57, 67, 74-77, 105
생각 112-113
생성자 네트워크 52-53
생성형 AI 42-53, 79, 81, 105, 112-113
소프트웨어 14-15, 29, 38, 58, 110
쇼핑 40-41, 74, 76
스파이더 38
신경 스타일 전이 51
신경망 28-33, 44-45, 52-53
  깊은 신경망 32-33
  생성적 적대 신경망(GAN) 52-53

ㅇ

알고리즘 15, 18-19, 24-25, 41, 45, 85
알파고 19, 111
알파폴드 60-61

암   58-59
앨런 튜링   112-113
앱   36, 46, 103
얼굴 인식 기술   64-67
에너지   100-103
예술   50-53, 78-79, 80-81
예측   7, 36, 41, 54-55, 61, 94-95
예측 단계   20-23
우주   62-63
웹 크롤링   38
유령 노동   90-91
음악   80-81
의식   114-115
이미지 인식   20-23, 26-27, 59, 90
이세돌   19
인간 뇌   28
인공 신경망(ANN)   28-33, 52-53
인공 지능 vs 인간 지능   110-115
인덱스   38
임보디드 AI   111
입력   16-17, 29, 32

ㅈ

자동화   90-91
자연어 처리(NLP)   39, 44-47
자율 주행 자동차   54-57, 106-107
자율형 살상 무기 시스템   68-71
작가   78-79, 81
제미나이   43, 49
존 매카시   4
존 설   113
좁은 인공 지능   110-111, 121
중국어 방 논증   113
증강 현실(AR)   87
지구 가열화   100
지도 학습   20-21, 30-31, 90-91
직업(일자리)   88-93
질병   11, 58-59

ㅊ

창의성   78-81

챗봇   42-47, 89, 103, 104, 112-113
챗GPT   42-43, 49, 103, 112
체스   18
초지능   10-11, 107, 111, 120-121
출력   16-17, 29, 30-31, 33
층   29, 32-33
치매   99

ㅋ

코드   18, 24-27, 29, 64, 71
코파일럿   43
클립의 대재앙   118-119
키워드   38-39

ㅌ

테스트 단계   20-21
토큰   44
튜링 테스트   112-113
특이점   120-121

ㅍ

패턴   22-23, 40, 45, 74
편향   67, 95, 104, 105
편향된 데이터   66-67, 95, 105
픽셀   26-27
필터 버블   85

ㅎ

하드웨어   14, 29
학교   86-87
환각 현상   48-49
회로   14
훈련 단계   20-22, 25, 59, 100, 103
훈련 데이터   20-22, 29, 44-45, 46, 51, 52, 59, 65, 67, 106

AI와 법   49, 57, 66, 70-71, 77, 80, 104-107, 116-117

이 책을 만든 사람들

레이첼 퍼스, 로즈 홀
글

알렉스 프리스
편집

마이클 울드리지(옥스퍼드 교수)
감수

제인 치즘
시리즈 편집

힐튼 바르부르턴,
찬텔레 바르부르턴
그림

제이미 볼, 톰 라몬드
디자인

프레야 해리슨
시리즈 디자인

이 책을 만드는 데 도움을 주신
엠마 블루엠케 박사에게 감사드립니다.

어스본 출판사는 '어스본 바로가기'에서 추천하는 웹 사이트들을 규칙적으로 확인하고 있습니다. 하지만 어스본 출판사는 다른 웹 사이트의 내용에 대해서는 책임지지 않습니다. 다른 추천 사이트들을 살펴보다가 바이러스에 걸릴 경우, 어스본 출판사는 피해에 대해 법적 책임이 없습니다.

사진 저작권
51쪽 고양이 사진 © Rachael E. M. Firth; 빈센트 반 고흐
〈별이 빛나는 밤〉 © PAINTING/Alamy Stock Photo

생성형 AI 사용
50쪽 그림①, ④ - 나이트카페; 그림②, ③ - 달리 /
51쪽 고양이 그림 - 나이트카페 / 112쪽 팝콘에
관한 시 - 챗GPT / 117쪽 고양이 그림 - 달리 /
122쪽 고양이 이미지 - 나이트카페

한국어판 1판 1쇄 펴냄 2025년 7월 1일
옮김 신인수 **편집** 권하선 **디자인** 전유진 **펴낸곳** (주)비룡소인터내셔널 **전화** 02)6207-5007 **팩스** 02)515-2007
한국어판 저작권 © 2025 Usborne Publishing Limited

영문 원서 AI for Beginners 1판 1쇄 펴냄 2025년
글 로즈 홀 외 **그림** 힐튼 바르부르턴 외 **디자인** 제이미 볼 외 **감수** 마이클 울드리지
펴낸곳 Usborne Publishing Limited usborne.com
영문 원서 저작권 © 2025 Usborne Publishing Limited

이 책의 영문 원서 저작권과 한국어판 저작권은 Usborne Publishing Limited에 있습니다.
저작권법에 의하여 한국 내에서 보호를 받는 저작물이므로 무단전재와 복제를 금합니다.
이 출판물의 어떠한 부분도 인공 지능 기술 또는 시스템(텍스트 또는 데이터 마이닝 포함)의 학습 목적으로 복제되거나
사용될 수 없으며, 당사의 사전 허가 없이 정보 검색 시스템에 저장하거나 어떤 형태로든 전송할 수 없습니다.
어스본 이름과 풍선 로고는 Usborne Publishing Limited의 트레이드 마크입니다.